MARIELLE SEITZ | RUDOLF SEITZ

Schulen der Phantasie

Lernen braucht Kreativität

Klett | Kallmeyer

Bibliografische Information der Deutschen Nationalbibliothek
Die Deutsche Nationalbibliothek verzeichnet diese Publikation
in der Deutschen Nationalbibliografie; detaillierte bibliografische
Daten sind im Internet über http://dnb.d-nb.de abrufbar.

Impressum

Marielle Seitz, Rudolf Seitz
Schulen der Phantasie
Lernen braucht Kreativität

1. Auflage 2012

© 2012. Kallmeyer in Verbindung mit Klett
Friedrich Verlag GmbH
D-30926 Seelze
Alle Rechte vorbehalten.
www.friedrich-verlag.de

Redaktion: Susanne Lesaar, Freiburg
Realisation: Dirk Jäger
Druck: Mundschenk Druck- und Verlagsgesellschaft mbH, Soltau
Printed in Germany

ISBN: 978-3-7800-4930-8

MARIELLE SEITZ | RUDOLF SEITZ

Schulen der Phantasie

Lernen braucht Kreativität

Klett | Kallmeyer

Für Rose Maier Haid –
stellvertretend für alle Menschen
mit Mut und Phantasie

Ein besonderer Dank geht an diejenigen Schulen und Kunstpädagogen, welche sich mit Projekten und Bildern an diesem Buch beteiligt haben:

Kunstschule Rose Maier Haid
in Friedberg (Rose Maier Haid)
www.kunstschule-friedberg.de
Schule der Fantasie Planegg und Martinsried
(Martina Frick und Team)
www.sdf-pm.de
Schule der Phantasie Irsee
(Flora Fassnacht und Peter R. Müller)
www.irsee.de
Schule der Phantasie Traunstein
(Judith Bader)
www.traunstein.de
Schule der Phantasie Söcking e. V.
(Andrea Burghardt)
www.schule-der-phantasie-soecking.de
KLECKS Schule der Phantasie e.V. Wolfratshausen
(Kerstin Vetter und Team)
www.phantas.de

Rudi-Seitz-Schule der Phantasie Diedorf
vormals Kunstschule im KKE e. V.
(Maria Theresia Kugelmann-Schmid)
www.kunstschule-diedorf.de; www.bildarium.eu
Kunstschule Pennello e. V.
(Andrea Koch, Monika Wiemers)
www.pennello.org
KLAX Schulen
(Antje Bostelmann)
www.klax-paedagogik.de
Phantasie Werkstatt Bogen
(Dazi Tyroller)
www.phantasie-werkstatt.de
LittleART e. V. München
(Elena Janker)
www.little-art.org
Last, but not least:
Christa Pilger-Feiler, Gudrun Greger, Carin Stoller, Christoph Hessel, Christiane Koenig, Elke Tschorn, Herbert Ulrich, Christoph Matthias, Petra Stadler, Christoph Bergmann, Berthold Schweiz und
Franziska Seitz

Vorwort

Wie kein anderer hat Rudi Seitz mit seinen Publikationen und der Gründung der „Schulen der Phantasie" die bildnerisch-ästhetische Elementarpädagogik geprägt. Sein Lebenswerk war es, nicht nur bei Eltern und Pädagogen um Verständnis für das kreative Vermögen von Kindern zu werben, sondern auch spielerisch, lustvoll und experimentell die kreativen Fähigkeiten im schöpferischen Tun von Kindern zu wecken, das phantasievolle Gestalten anzuregen und Kinder dadurch auf ihrem Weg zu selbstbewussten, starken Persönlichkeiten zu unterstützen.

Das hier in einer von Marielle Seitz überarbeiteten und erweiterten Fassung vorliegende Buch gibt Einblick in das von Rudi Seitz entwickelte Konzept der „Schulen der Phantasie" und zeigt zugleich die vielfältigen Arbeitsweisen, die innerhalb dieses konzeptuellen Rahmens möglich sind. Gepaart mit zahlreichen konkreten Aufgaben und Übungen wird die Zielrichtung sowohl theoretisch belegt wie auch anhand der von Kindern beeindruckend gestalteten Werke deutlich.

Kinder zeichnen und malen meist aus eigenem Antrieb. Sie sind neugierig und wollen sich die Welt erobern. Deshalb verarbeiten, ordnen und strukturieren Kinder ihre Erlebnisse bildnerisch. Gestalten bedeutet, bestimmte Ereignisse deutlich verlangsamt zu verarbeiten. Eine Szene muss in einzelne Abschnitte gegliedert auf Papier gebracht werden. Dadurch wird der Verarbeitungsprozess intensiviert. Innere Welten, über die sonst nicht gesprochen wird, können so kommuniziert werden. Gestalten heißt auch, bildnerisch in Dialog zu treten, eine Brücke von innen nach außen zu bauen, etwas hervorzubringen, das als Gegenüber kommunizierbar wird.

Zugleich werden beim bildnerischen Tun aktiv innere Bilder und Phantasien entwickelt. Dies ist besonders wichtig, weil das Vorstellungsvermögen durch den alltäglichen Medienkonsum geschwächt wird. Denn die schnellen Medienbilder müssen passiv verfolgt werden, um sie zu verstehen, womit das eigene Imaginieren – wie beim Lesen, Träumen, Spielen, Bilder anschauen usw. – verloren geht.

Das Sprechen über Bilder und Kunstwerke erlaubt, Sinn zu stiften und fördert die Sprachentwicklung. Kunst macht Mut, unkonventionelle Lösungen zu entwickeln und Risikobereitschaft im Experimentieren zu zeigen. Werden Kreativität und Imaginationskraft gefördert, wächst der Ideenreichtum, flexibles Denken wird ausgebildet. Anstrengung und Ausdauer beim Herstellen eines Bildes vermitteln Kompetenzgefühle. Ist ein Werk vollbracht, stellen sich Stolz und Selbstbewusstsein ein.

Die vorliegende Publikation zeigt Strategien auf, die ganz konkret die Phantasie und Kreativität der Kinder anzustoßen vermögen. Ausgehend von den Merkmalen einer kreativen Person werden Übungen vorgestellt, die gezielt auf diese Persönlichkeitsmerkmale hinwirken und Sensibilität, Flexibilität, Assoziationsfähigkeit, Originalität, Vorstellungskraft, Spontaneität und Mut trainieren. Allerdings unterscheiden sich diese gestalterischen Aufgabenstellungen in hohem Maße von den üblichen Kreativitätstrainingsprogrammen, die meist einseitig auf eine unkonventionelle Lösungssuche ausgerichtet sind.

Die Übungen umfassen eine Vielzahl von Aspekten und basieren auf dem Involviert-Sein der gesamten Person. Statt einseitig das divergente Denken in den Blick zu nehmen, setzt das Konzept von Rudi Seitz auf die ästhetischen Fähigkeiten der Kinder, die methodisch geleitet weiterentwickelt werden.

Im ursprünglichen Wortsinn kommt Kreativität von dem lateinischen „creare" bzw. „procreare" – etwas hervorbringen, und zwar durch die gestaltende Tätigkeit des Geistes, der schöpferischen Phantasie. Im Unterschied zur Phantasie ist die Kreativität der Motor, der tatsächlich etwas hervorbringt: ein gestaltetes Objekt, eine neue chemische Formel, ein Musikstück usw. – kulturell bedeutsame Leistungen.

Für Kinder ist jede neue Errungenschaft, die sie hervorbringen, ein kreativer Akt, der mit Problemlösungen, neuen Ideen, unkonventionellen Zusammenstellungen usw. verbunden ist. Spricht man davon, dass Kinder und Künstler in besonderem Maße kreativ sind, dann steht dahinter, dass sie spezifische Merkmale einer kreativen Person aufweisen – wie z. B. Neugierde und Experimentierfreude, Einfallsreichtum, Intuition, überbordende Phantasie, Selbstvergessenheit im Tun, Unkonventionalität und Flexibilität im Denken. Sie suchen Widerstände und Grenzen, und sie denken mit bildnerisch-ästhetischen Mitteln über Wirklichkeit nach. Insbesondere ihre Vorstellungen von Handlungsweisen, von Kombinationsmöglichkeiten, von ungewöhnlichen Lösungswegen sind häufig nicht so strikt festgelegt wie bei Erwachsenen. Daneben gehören Anstrengungsbereitschaft und das Aushalten von Differenzen zum kreativen Prozess, wie auch differenziertes Wahrnehmen, Interesse an Komposition und Ausdrucksqualitäten sowie die Offenheit für neue Darstellungs- und Ausdrucksoptionen.

Um das bildnerische Tun in einen kreativen Prozess münden zu lassen, benötigen Kinder ausreichend Zeit: Bildnerische Ideen müssen entwickelt und erprobt werden können, auch Scheitern sollte erlaubt sein. Der bildnerische Prozess bindet Aufmerksamkeit und Konzentration in hohem Maße. Ähnlich wie das Spiel der Kinder zeugt ihr kreatives Gestalten oftmals von Selbstvergessenheit und Zeitlosigkeit.

Dass über kreatives Gestalten auch das Lernen gefördert wird, besagt schon der Untertitel des Buches Lernen braucht Kreativität. Tatsächlich funktioniert kein Denken ohne Imagination, kein Handeln ohne die interne Verknüpfung von Vorstellungen, kein strukturierendes Überlegen ohne die Ordnung und Gliederung der Zusammenhänge, keine Problemlösung ohne flexible Ideensuche, kein Lernen ohne Anstrengung. Anschaulich und praxisnah bietet dieses Buch nicht nur viele hilfreiche Anregungen zur gestalterischen Arbeit, sondern darüber hinaus Anstöße zum intensiven Fördern des kreativen Vermögens von Kindern.

Constanze Kirchner

April 2012

1. Einführung

Was sind „Schulen der Phantasie"?

Es begann mit einer Idee, die Rudolf Seitz bereits 1980 dem Münchner Stadtrat vorgestellt hat. Schon in den Jahren zuvor hatte er in München wöchentlich einen Kindergarten besucht, um dort mit den Kindern in verschiedenen Projekten kreative Ideen umzusetzen. Man nannte Rudi Seitz deshalb in Pädagogenkreisen „den Professor für die Kleinen". Schon viele Jahre, bevor Kinderunis u.Ä. populär wurden, arbeitete er neben seiner Lehrtätigkeit an der Münchner Kunstakademie mit kleinen Kindern. Dies war ihm immer wichtig, und sogar in den sechs Jahren seiner Präsidentschaft an der Akademie der Bildenden Künste in München teilte er seine Erfahrungen und Ideen mit den Kindern und Pädagogen in Kindergärten, in der Sommerakademie Neuburg an der Donau und eben auch in der von ihm gegründeten ersten

„Schule der Phantasie" in Traunstein (Oberbayern). In dieser und in allen nachfolgend gegründeten Schulen dieser Art haben Kinder bis heute die Möglichkeit, mindestens einmal in der Woche einen Kurs zu besuchen.

Im Jahr 2003 wurde der Name „Schule der Phantasie®" vom Schulreferat der Stadt München als Marke eingetragen. Für Rudolf Seitz war die Gründung einer Schule der Phantasie mit keinen Bedingungen verbunden. Er unterstützte die vielen Neugründungen durch Vorträge, Bücher, Fernseh- und Rundfunksendungen. Durch seinen großen persönlichen und fachlichen Einsatz war ein hohes künstlerisches Niveau gewährleistet. Als Mensch und charismatischer Kunstpädagoge konnte er andere Menschen begeistern und beflügeln. Dies führte zu einem lebendigen Austausch zwischen dem Gründer der „Schulen der Phantasie" und den Künstlern, die dort als Kursleiter tätig waren. In regelmäßig stattfindenden Treffen an der Münchner Kunstakademie gab es immer angeregte Diskussionen und Präsentationen zu den interessantesten Projekten. Damit waren diese Schulen, was ihren Qualitätsstandard und ihre Wirkung nach innen und außen betraf, sehr mit der Persönlichkeit ihres Gründers verbunden.

Rudi Seitz hat das Konzept der „Schule der Phantasie" seinerzeit sehr flexibel gestaltet und die Idee mit vielen anderen Modellen verbunden. Vor diesem Hintergrund entstanden die Kinderakademie Neuburg sowie die Montessori-Kinderwerkstatt und das Kinderatelier Rembrandt Vier in München. Es waren Modelle zur außerschulischen kreativen Förderung von Kindern. Außerdem plante er mit Architekten und Pädagogen eine Reihe von Schulen und erarbeitete mit den dortigen Lehrern neue Konzepte zur Schulhausgestaltung.

Die Idee, dass Phantasie und Kreativität möglichst in alle Schulen einziehen sollen, entspricht den Vorstellungen des Gründers, dem eine Humanisierung der Schulen ein wichtiges Anliegen war. Durch seine langjährige Lehrtätigkeit an der Akademie der Bildenden Künste in München, sein Engagement in der schulischen Weiterbildung und nicht zuletzt durch viele Buchpublikationen hat Rudi Seitz Eltern, Künstler und Lehrer von der Idee der künstlerischen Förderung von Kindern begeistert.

In den „Schulen der Phantasie" selbst gibt es eine kunterbunte Mischung der Realitäten. Einige Schulen sind in privater Trägerschaft, andere arbeiten unter der Trägerschaft eines Vereins. Oft sind es auch städtische Verwaltungen, denen sie unterstellt sind. Dann werden nicht nur die Räume mietfrei zur Verfügung gestellt, sondern auch die Kursleiter durch öffentliche Mittel bezahlt. Manche dieser Schulen sind beitragsfrei, andere erheben einen Unkostenbeitrag oder eine Kursgebühr. Doch alle haben ein gemeinsames Ziel: die Phantasie und Kreativität von Kindern zu fördern.

Dreißig Jahre nach der Gründung der ersten „Schule der Phantasie" sind diese Schulen im Prinzip weder an einen Ort, noch an eine Organisationsform gebunden – „Schule der Phantasie" kann überall sein. Viele ehemalige Studenten von Rudi Seitz arbeiten inzwischen als Kunstpädagogen in Regelschulen, im Kulturmanagement, in der Weiterbildung oder eben als Kursleiter in einer der von Rudi Seitz oder in seiner Nachfolge gegründeten Schulen. Auch viele Pädagogen, die ihn nicht mehr kennengelernt haben, beziehen sich auf seine Bücher und tragen seine Idee der kreativen Förderung in die Welt. Damit ist die ursprüngliche Idee von Rudi Seitz auch impulsgebend für viele Regelschulen sowie für Kinder- und Jugendkunstschulen geworden. „Schulen der Phantasie" sind inzwischen auch wichtige Kooperationspartner für Ganztagsschulen.

Immer dann, wenn Pädagogen mit Kindern innerhalb und außerhalb von Schulen kreativ arbeiten, wenn Kinder eigene Ideen haben dürfen und diese im bildnerischen Gestalten, in

Beobachtungen, im Experiment, in Sprache, Tanz und Spiel ausdrücken können, realisiert sich die Idee einer „Schule der Phantasie". Natürlich gibt es auch in Regelschulen künstlerische Pädagogen, die kreativ mit den jeweiligen Lehrplänen umgehen und jede Chance nutzen, um ihren Schülern auch die „Lernfächer" lebendig und einfallsreich zu vermitteln. Diese Pädagogen wissen um die Tatsache, dass der Lerneffekt sehr gering ist, wenn Wissen lediglich theoretisch vermittelt wird. Durch die moderne Hirnforschung ist bekannt, dass eine rein kognitive Wissensvermittlung eine einseitige Lehrmethode ist, und dass auf diese Weise Gelerntes einer hohen Vergessenskurve unterliegt. All das jedoch, was über die Sinne und durch eigenes Tun vermittelt wird, kommt bei den Kindern wirklich an. Greifen und Begreifen werden zu einer Einheit. Außerdem bietet künstlerisches Gestalten nicht zu unterschätzende Synergieeffekte zu anderen Fächern. Mit den Möglichkeiten der Kunst können wir die Wahrnehmung fördern, die Sinne schulen, Erfahrungen vermitteln, die Geschicklichkeit der Hände verbessern – und damit gleichzeitig Synapsen im Gehirn bilden. Über die Kunst können wir unser Weltbild erweitern und über kreative Erfahrungen und deren praktische Umsetzung unsere Persönlichkeit stär-

ken. Das alles ist in der Entwicklung der Kinder von großer Wichtigkeit. Damit kann sich die kindliche Persönlichkeit individuell und sozial stärken.

Kinder haben ein Grundbedürfnis nach der Umsetzung ihrer kreativen Ideen und brauchen den Raum, um ihre Ideen umzusetzen. Es ist ihre Chance, etwas neu zu denken, neu zu erfinden, aber auch wieder zu verwerfen und anders zu machen.

Im Institut für Kreativität und Pädagogik in München wird das Konzept von Rudi Seitz, die eigene Kreativität und Phantasie und die der Kinder zu fördern, in Kursen realisiert. Hier können interessierte Pädagoginnen und Pädagogen ihre Kreativität entdecken, dabei ihre pädagogischen und künstlerischen Ideen weiterentwickeln und diese mithilfe einer fundierten Weiterbildung in eine neue Form für die Kinder von heute bringen. Auch die Tradition eines regelmäßig stattfindenden Jour fixe, bei dem Kursleiter ihre Erfahrungen austauschen können, wurde hier wieder ins Leben gerufen. Dass diese Veranstaltungen in dem ehemaligen Wohnhaus von Rudi Seitz stattfinden können, schafft eine besondere Atmosphäre und Motivation. Damit ist die Praxis der ersten Jahre, eine qualifizierte Form der Weiterbildung und des fachlichen Austausches zu gewährleisten, wieder lebendig. [1]

Dieses Buch will die Idee der kreativen Förderung von Kindern und Jugendlichen veranschaulichen. Es vereint Texte von Rudi Seitz, die bis auf zwei kenntlich gemachte kurze Textpassagen alle zum ersten Mal 1998 in dem Band „Phantasie und Kreativität" im Don Bosco Verlag, München, erschienen sind, mit meinen Texten zu diesem Thema. Zur besseren Übersichtlichkeit für den Leser werden die Texte von Rudi Seitz im Folgenden in Schwarz, meine in Blauschwarz gesetzt.

Die Texte von Rudi Seitz sind nach wie vor hochaktuell und in ihrer Dichte und Präsenz Inspiration und Anregung für Pädagogen, Künstler und Eltern. Sie sind in ihrer Aussage aber auch politisch! Diese künstlerische Förderung geht über das Malen schöner Bilder weit hinaus. Kunst ist dazu da, sich etwas vorzustellen, zu hinterfragen und neu zu gestalten.

Es liegt in der Natur der Sache, das Thema nicht nur durch Worte, sondern vor allem durch Bilder an den Leser zu vermitteln. Allen kreativen Kindern, Pädagogen und Künstlern, die an diesem Buch mitgewirkt haben, und meiner Lektorin, Susanne Lesaar, sei an dieser Stelle herzlich gedankt.

Marielle Seitz
www.seitz-kreativ.de

Juli 2012

Wollen wir die Kreativität unserer Kinder wirklich?

Wenn Kinder kreativ sind und sich ihre ganz eigenen Gedanken über die Phänomene dieser Welt machen, kennen wir Erwachsenen aufgrund unserer längeren Lebenserfahrung und des damit verbundenen Informationsvorsprungs das Ergebnis dieser Überlegungen meist schon. Das veranlasst uns dann oft, die umständlichen kindlichen Wege „abzukürzen". Wir lehren das Kind Dinge und leiten es auch dort an, wo es selbst denken, erfinden und entdecken könnte. Damit bringen wir es um die Chance, die kreativen Fähigkeiten zu verstärken, die in ihm stecken und die es ihm ermöglichen würden, selbst auf diese Ergebnisse zu kommen.

Schon die Überlegung, dass wir unsere Pädagogik so aufbauen, dass wir immer heute für morgen lernen und auch unseren Kindern Kenntnisse vermitteln, die diese in der nächsten Klasse oder später im Beruf, fürs Studium usw. brauchen, müsste uns stutzig machen. Denn wir wissen nicht, ob wir dieses Morgen erleben. Wir wissen aber, dass der Tag, den wir heute mit den Kindern verbringen, danach in ihrem und in unserem Leben unwiederbringlich vorbei ist. Dies müsste uns eigentlich dazu veranlassen, uns so zu verhalten, dass das Glück der Kinder heute, in diesem Augenblick, möglich wird. Im Umgang untereinander sowie mit Lerninhalten würde dies zu Verhaltensweisen führen, die auch Erfahrungen mit einbeziehen, die uns individuelles, auch ungewöhnliches Denken abverlangen – kurz: die Kreativität voraussetzen.

Doch wollen wir denn wirklich kreative Kinder? Sie sind nicht einfach mit ihrer nimmersatten Neugierde, mit ihrem ausgeprägten Mitteilungsbedürfnis, mit ihrem nicht unkritischen Autoritätsverständnis, mit ihrer Intensität und ihrer Ausdauer. Können wir das alles aushalten und zulassen? Kreative Kinder fordern vor allem den heraus, der ganz anders ist.

Ich meine, dass sich hier noch eine ganz andere Frage stellt. Es ist nicht die musische Frage, ob wir Kreativität wollen oder nicht. Es ist eine existenzielle Notwendigkeit, dass wir Kreativität wollen müssen und dass wir alles daran setzen müssen, sie zu fördern und zu ermöglichen.

Unser bisheriges Denken und unsere Werteordnung haben zu Ergebnissen geführt, die uns selbst gefährden. Der Klimawandel, Smogalarm, Wasservergiftung, das irrwitzige Waffensystem und nicht zuletzt atomare Katastrophen führen uns vor Augen, dass wir dringend umdenken müssen. Die Fähigkeiten kreativer Menschen sind gefragt, die sich etwas anderes vorstellen als „Wir können die Kernkraft nicht aufgeben!", „Wir können die Geschwindigkeit nicht begrenzen!", „Wir können die Industrie, die die Luft zerstört, nicht einschränken!". Wir müssen jetzt umdenken, was unsere Ansprüche, unsere Erwartungen, unsere Bedingungen anbelangt. Wir brauchen Phantasie!

Wenn wir diesen Anspruch in den Schulen ernst nehmen, müssen bestimmte Bedingungen stimmen. Kreativität benötigt einen äußeren Rahmen, der sie ermöglicht. Kreativität braucht Zeit, Spiel- und Experimentierbereitschaft, erfordert von den Beteiligten Neugier, Geduld, Zuneigung und auch Humor. Man muss auch die Kreativität hemmenden Fakten kennen, um sie zu vermeiden oder abzubauen.

Wenn ich Kinder in ihrer Kreativität fördern und unterstützen will, müssen Sensibilität, Flexibilität und Spontaneität, Assoziationsfähigkeit, Originalität und die Bereitschaft, sich etwas anders vorzustellen, also umzudenken, zum Erziehungsziel werden.

Außerdem stellt sich die Frage, ob es Lern- und Lehrprogramme, d. h. Organisationsformen kreativer Prozesse gibt, die man sich aneignen und die man einsetzen kann. Und ob so etwas wie innovatives Lernen möglich ist.

Wenn wir die Kreativität unserer Kinder wollen und zulassen, ist auch unsere eigene Kreativität gefragt. Es steht fest, dass das gegenseitige Angenommensein, die ermutigende Partnerschaft mit den Kindern einerseits und der geduldige und humorvolle Pädagoge andererseits diese Kreativität fördert und ermöglicht. Vielleicht gelingt es uns auf dieser gemeinsamen Basis, eine Umgebung und ein Leben zu schaffen, die menschenwürdig sind.

Dieses Buch ist ein Denk- und Anregungsbuch, gleichzeitig aber auch ein Arbeits- und Spielbuch. Es soll die Leserin oder den Leser dazu ermutigen, manches selbst auszuprobieren und vielleicht auch, Schule neu zu denken.

Rudolf Seitz

2. Phantasie und Kreativität

Was ist Phantasie?

„Phantasie" gehört zu den Begriffen, die man sehr oft verwendet und von denen man glaubt, man wisse genau, was damit ausgedrückt wird. Sobald man aber eine Definition ansteuert, wird das Wort zweideutig, schillernd, da es im Gebrauch die Bedeutung wechseln kann.

Wenn man von jemandem behauptet, er habe viel Phantasie, so ist das sehr positiv gemeint. Sagt man aber, er phantasiere, ist das eine deutlich negative Aussage: Dieser Mensch hat den Boden der Realität verlassen, überlässt sich irgendwelchen utopischen Vorstellungen. Wenn derselbe „Phantast" dann auf dem Klavier improvisiert, ist das wiederum „phantastisch", weil er die Gabe besitzt, ganze Tongebäude auf der Basis kleinster musikalischer Motive aufzubauen. Was gibt es doch für wunderbare Phantasien von Mozart und vielen anderen Komponisten.

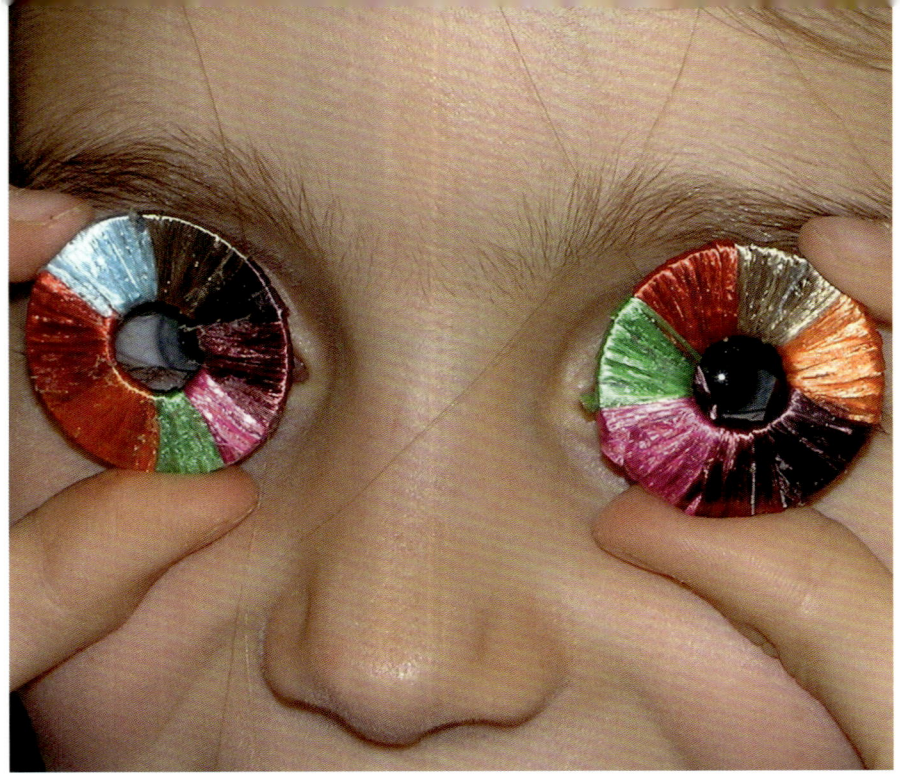

Warum hat der Begriff „Phantasie" einen solch schwankenden Boden? Geht man dem Ursprung des Wortes nach, findet sich vielleicht eine Erklärung für seinen chamäleonhaften Charakter: Es hat einen griechischen Gott zum Paten, den Phantasos. Phantasos ist der Gott der Träume, der über Trugbilder, Schattenwesen, Irreales und Widersinn genauso verfügt wie über atemberaubende neue Welten. In seinem Reich stehen Traumgebilde voller Gespenster und unwirklicher Wesen aus Prunk, Glanz und Schein einer veränderten neuen Wirklichkeit gegenüber, mit neuen Verbindungswegen, neuem Verständnis und Einblicken, die zu neuartigen Farben, Klängen, Räumen und Zusammenhängen führen können.

Es ist bezeichnend, wie unsere Lexika sich dem Begriff „Phantasie" nähern. Von Vorstellungsvermögen ist da die Rede, von Einbildungskraft, Erfindungsgabe und von Einfallsreichtum. Man beachte jeweils den zweiten Teil der Wörter: -vermögen, -kraft, -gabe, -reichtum. Sie stecken das Feld in der einen Dimension deutlich ab. Die andere lautet: Trugbild, Fieber-

traum, Traumgebilde. Es folgt lapidar: Musikstück. Farbiger sind die in den Lexika aufgeführten Verben: „sich den wiederkehrenden Bildern der Phantasie hingeben, frei erfinden, erdichten, ausdenken, in Fieberträumen phantasieren, frei über eine Melodie oder ein Thema improvisieren".

Am Ende dieser Überlegungen ist jedenfalls so viel sicher: Die Frage nach der Bedeutung des Wortes „Phantasie" ist wirklich nicht leicht zu beantworten. Aber auch das ist klar: Ein Leben und eine Welt ohne jede Phantasie wären leblos, farblos, grau, eigentlich grauenhaft.

Und was sagen die Kinder?

„Phantasie ist, wenn ich mir etwas ausdenke, was sich noch niemand gedacht hat."

(ORFEO, 6 Jahre)

„Phantasie ist, wenn ich mir etwas vorstelle, was es noch gar nicht gibt."

(FRANZISKA, 6 Jahre)

„Eine eigene Welt basteln."

(FELIX, 8 Jahre)

„Phantasie ist, wenn ich etwas höre und mir dazu etwas vorstelle."

(ALEXANDRA, 8 Jahre)

„Phantasie ist in meinem Kopf drin, und den hab ich immer dabei."

(MARKUS, 10 Jahre)

„Im Traum hatte ich die Phantasie, dass ich meinen Schulaufsatz träumte. Das war schön, aber vor dem Ende bin ich plötzlich aufgewacht."

(ZISCHKA, 8 Jahre)

„Phantasie ist, wenn ich etwas sehe und die Augen schließe und ich mir es dann anders denke."

(ALISA, 6 Jahre)

Etwas, worüber man staunt

Witz und Humor

das Lachen der Kinder, ihre Purzelbäume, unsere Freude beim Betrachten dieses sprühenden Lebens

Farbe im tristen Alltag

Rot auch **Blau** sein lassen

Geist, sprudelnder Geist Energie, Licht

Visionen haben
Mut zu Neuem
Träume erfüllen

seine innere Stimme zu Wort kommen lassen

kostbares Gut, das man pflegen sollte

in mich gehen – aus mir herausgehen

Gedanken, Gefühle, Stimmungen, Wünsche, abseits von „Trampelpfaden"

Kraft, aus der man schöpfen kann

Hell und Dunkel
Traurigkeit herauslassen
Schreckliches loswerden

Zündstoff für neue **Ideen**

begreifen, spüren, riechen, sehen, hören, schmecken

glücklich, übermütig sein
Lachen

unkonventionell
nichts Logisches
nicht mit der Masse gehen
Einzigartigkeit

sich auseinander- und wieder zusammensetzen

scheinbar **Unmögliches** für möglich halten

nach innen und außen schauen

Offenheit
Freiheit
Aufmerksamkeit

die Freiheit meines Geistes ausleben

Kombination von Unvereinbarem

Zulassen von Verrücktem

ein Teil meiner **Innenwelt,** meiner schöpferischen Kraft

ICH sein

Ausdrücken mit all meinen Sinnen

Platz für **Träume, Wünsche**

das **Leben** in **Farben** und **Melodien** sehen

loslösen

loslassen können

dass alles möglich ist

Eintauchen ins Unterbewusste

dem Unbewussten Raum geben

mutiges Verketten von scheinbar diametralen **Energien**

sinnlich Kraft ausdrücken

...benteuer im Kopf

sich selbst und andere beleben

einfach wach träumen

Und was ist Kreativität?

John E. Drevdahl definiert Kreativität als die:

„... Fähigkeit des Menschen, Denkergebnisse beliebiger Art hervorzubringen, die im Wesentlichen neu sind und demjenigen, der sie hervorgebracht hat, vorher unbekannt waren. Es kann sich dabei um Imagination oder um eine Gedankensynthese, die mehr als eine bloße Zusammenfassung ist, handeln. Kreativität kann die Bildung neuer Systeme und neuer Kombinationen einschließen sowie die Übertragung bekannter Bezeichnungen auf neue Situationen und die Bildung neuer Korrelate (wenn zwei Dinge zueinander in Beziehung stehen). Eine kreative Tätigkeit muß absichtlich und zielgerichtet sein, nicht nutzlos und phantastisch – obwohl das Produkt nicht unmittelbar praktisch anwendbar, nicht perfekt oder gänzlich vollendet sein muß. Es kann eine künstlerische, literarische oder wissenschaftliche Form annehmen oder durchführungstechnischer oder methodischer Art sein."[2]

Kurzgefasst:
Kreativität ist die Fähigkeit des Menschen, neue Denkergebnisse hervorzubringen.

Kreativität bedeutet, einfach Neues zu denken in jedem beliebigen Bereich, in Wissenschaft und Kultur, in der Verwaltung, im sozialen und zwischenmenschlichen Bereich, im Haushalt, in der Lebensplanung und -gestaltung, einfach überall.

Und die Phantasie?
Sie ist die Mutter der Kreativität. Ohne sie gibt es keine Kreativität. Die Kreativität verwirklicht sie, setzt sie um, bringt sie in eine dauerhafte Form.

Was ist neu?

„Was ist neu?" – Diese Fragestellung ergibt sich aus der vorangegangenen Kurzdefinition (siehe Seite 22). Drevdahl hat sich eindeutig ausgedrückt: Die Ergebnisse kreativer Denkprozesse waren „demjenigen, der sie hervorgebracht hat, vorher unbekannt". Das müssen sie auch, denn im Schaffen von etwas völlig Neuem besteht ja gerade die kreative Leistung eines Menschen. Es gibt aber auch kreative Produkte, die nicht nur für den Einzelnen neu sind, sondern für alle Menschen, und manche davon sind sogar gesellschaftsverändernd: das Rad z.B. oder der Buchdruck, der elektrische Strom, die Verkehrssysteme oder die digitalen Möglichkeiten. Manche sprechen hier von „objektiver Kreativität".

Was ist **Kreativität**?

unkonventionelles Lösen von Problemen

Lösungsmöglichkeiten finden

Ausleben innerer Fülle

Entfaltung

Durchbrechen festgefahrener Strukturen

frei sein, fröhlich sein

Ohne Humor gibt es keine Kreativität!

Eingebundensein im Kosmos

Schöpfung

spielen, alle Möglichkeiten ausloten

etwas in Bewegung setzen

innere Beweglichkeit

Grenzüberschreitungen

kreativ sein heißt: handeln, spielen, probieren, aus- und „ein"- denken, in die Hand nehmen und verwandelt aus der Hand legen

Synthese schaffen zwischen Dingen, Gedanken, Vorstellungen

eine neue Lösung für eine alte Aufgabe finden

Verknüpfen von scheinbar Diametralem

experimentieren Mut zu Neuem

Ideen, Einfälle verwirklichen

lustvolles, zufriedenes Arbeiten

wach sein, Dinge verändern können

nicht den Normen
der Gesellschaft
unterworfen sein

assoziieren

Modewort,
oft kommerziell
verwendet
(benutzt, ausgenutzt)

Mut zur
Auseinander-
setzung

Konflikt-
toleranz

etwas beenden
können

positives
Selbstwert-
gefühl

unendliche
Freiheiten

Offenheit für neue
Möglichkeiten

Lust an der
Phantasie

Lust am
Ausdruck

Gelassenheit
sich fallen
lassen

neue Lösungs-
und Lebens-
formen finden

Neues
aus Altem
zusammen-
setzen

ist nicht mit Ordnung
und Genauigkeit
in Einklang zu bringen

Kreativität
ist die Umsetzung
der Phantasie

spontaner
Ausdruck

ausgelassen
sein

Mut zum eigenen
Ausdruck

Individualität
zeigen

flexibel
sein

sich nicht
überkommenen
Verhaltensweisen
unterordnen

weg von
Schablonen

Kombination von
Unvorhersehbarem

Kraft,
sich nicht
beeinflussen
zu lassen

Verändere die pädagogische Landschaft!

Im pädagogischen Bereich sind die Überlegungen, was der Begriff „neu" impliziert, von großer Bedeutung. Wir Pädagoginnen und Pädagogen haben Fachwissen erworben, kennen die Ergebnisse bestimmter Problemstellungen, haben in manchen Bereichen unter Umständen mehr Lebenserfahrung

als viele Menschen, mit denen wir zu tun haben.

Wie gehen wir damit um? Wie erfahren die Kinder, die Jugendlichen, die Leute, mit denen wir arbeiten, dieses Wissen? Wie übertrage ich mein Vorwissen? Zerlege ich es in Lernschritte, dosiere ich diese in Stunden-, Tages- und Wochenpläne, „operationalisiere" ich sie? Oder bekommen die Kinder und Jugendlichen die Chance, selbst auf die Lösungen zu kommen und zuvor Inhalte und Problemstellungen aufgrund eigener Experimente und Überlegungen zu finden, die Suchphasen nach allen Regeln der Kunst zu kultivieren? Setze ich meine Kreativität und meine Phantasie ein, um die der mir anvertrauten Kinder und Jugendlichen zu ermöglichen? Genau an dieser Stelle entscheiden wir, ob wir die Phantasie und Kreativität unserer Kinder und Jugendlichen wirklich wollen! Es lohnt sich: Kinder haben oft so erfrischend originelle Einfälle beim Lösen von Problemen.

Wie kann ein kreativer Prozess verlaufen?

„... um überhaupt eine neue
Lösung finden zu können,
muß zuvor die bisher geltende
Ordnung aufgehoben und
zerstört werden."

(ADELHEID STAUDTE)[3]

Wie verlaufen kreative Prozesse? Tauchen Ideen einfach auf wie Phönix aus der Asche oder gibt es dabei vielleicht bestimmte, immer wiederkehrende Strukturen?

Die Wissenschaft hat verschiedene Stufenmodelle entwickelt, um den Prozess der Ideenfindung zu beschreiben und einzelne Phasen auf dem Weg zur kreativen Problemlösung voneinander abzuheben.[4]

Wir gehen hier von einem Vier-Stufen-Modell aus. Was bedeutet das, und was geschieht in den einzelnen Stufen?

I. Problemphase

„Kreative Menschen sind ständig erstaunt. Sie gehen nicht davon aus, dass sie verstehen, was um sie herum geschieht, und sie gehen auch nicht davon aus, dass andere es verstehen. Sie fragen das Offensichtliche – nicht aus Aufsässigkeit, sondern weil sie die Schwächen der akzeptierten Erklärungen früher als andere erkennen. Sie spüren Probleme, bevor sie von einer breiten Öffentlichkeit wahrgenommen und beschrieben werden."

(MIHÁLY CS KZENTMIHÁLY)[5]

Am Schluss dieser ersten Phase steht also ein Problem. Dieses Problem kann von außen gestellt worden sein, es kann sich aus Umwelttatbeständen, aus zwischenmenschlichen Beziehungen oder von innen her ergeben. Es gibt kein Gebiet, auf dem ein derartiges Problem nicht möglich wäre.

II. Suchphase

In dieser Phase wird zunächst das Gedächtnis benutzt. Gab es dieses Problem schon einmal? Wie wurde es damals gelöst? Da es eher unwahrscheinlich ist, dass man auf diese Weise die Lösung findet, werden – so kann man sich das im Bild vorstellen – im Vor- oder Unterbewusstsein alle Informationen abgetastet, die mit der Problemlösung zusammenhängen könnten. Oder es werden Versuche durchgeführt, Experimente und Umfragen veranstaltet, Bücher gewälzt.

Die Dauer der Suchphasen ist oft nicht vorherzusagen. Man weiß von Wissenschaftlern, die sich jahrelang mit einem Problem herumschlugen, bis sie dann schließlich eine Lösung gefunden haben. Wie „automatisch" der Suchvorgang sein kann, zeigt sich darin, dass Lösungen manchmal plötzlich „auftauchen", während man sich mit einer ganz anderen Thematik beschäftigt.

III. Lösungsphase

Die Lösung kann dann sehr plötzlich auftreten. Offenbar sind auf irgendeine Weise zwischen vorher noch nicht aufeinander bezogenen Faktoren Beziehungen hergestellt worden. Die deutsche Sprache bietet hier einige anschauliche Bilder an: Gedankenblitz, Einfall, göttlicher Funke, zündende Idee.

Jetzt ist der Zeitpunkt, zu dem die Lösung formuliert, eventuell auch aus verschiedenen Lösungen ausgewählt und analysiert wird.

IV. Verwirklichungsphase

Erst in dieser letzten Phase wird die Lösung realisiert, es folgt die Vorstellung, die konkrete Überlegung der Tat. Man hat innerhalb des kreativen Prozesses zu einer – zumindest für sich selbst – neuen Lösung gefunden, diese verwirklicht und entsprechend integriert und eingeordnet.

Wir legen uns oder andere meist viel zu schnell auf Lösungen fest. Damit tauchen andere Ideen gar nicht auf, die vielleicht besser wären. Deshalb:

erst nachdenken

nicht sofort festlegen

Unmögliches für möglich halten

utopisch denken

fragen

erproben

verzögert reagieren

nachschlagen

ausprobieren

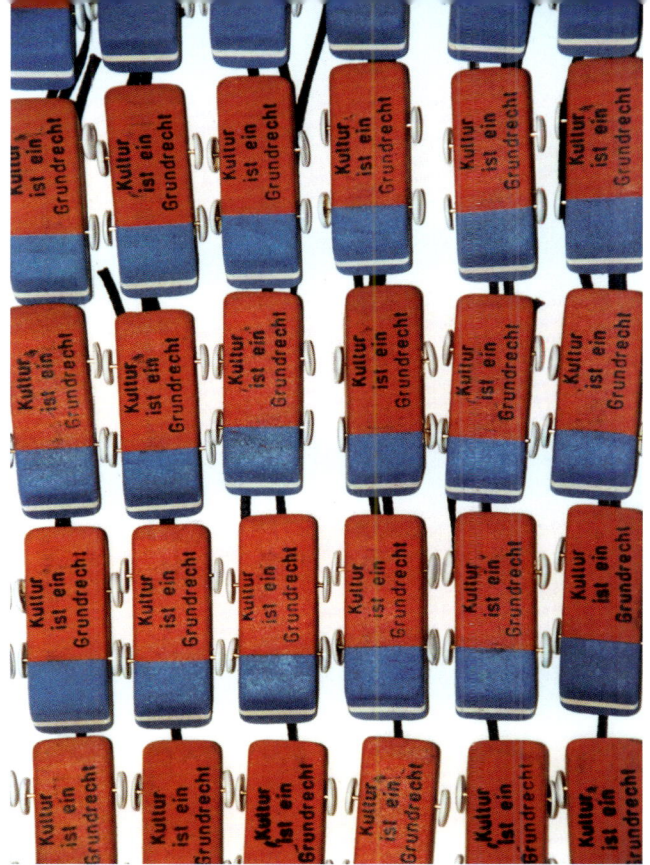

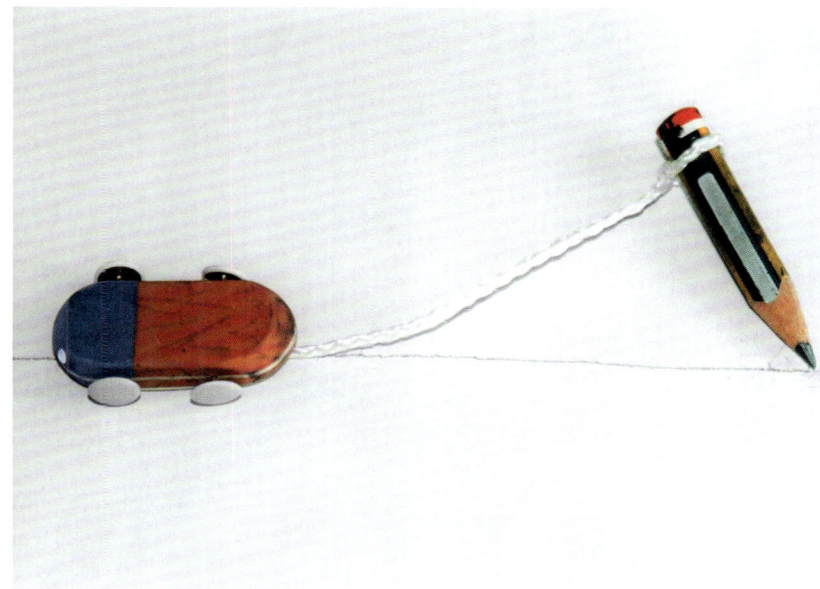

Was ist kreativitäts-hemmend?

„Als Kind war ich phantasievoll, aber jetzt …?" – „Ich bin nicht sehr kreativ." So denken und äußern sich viele erwachsene Menschen. Warum?

Dahinter stecken Lebens- und Lerngeschichten, die zu Blockaden geführt haben. Diese Blockaden können vielfältiger Natur sein:

Sehr autoritäre Umgebungen
Viele Menschen berichten als Erwachsene darüber, dass ihnen, als sie Kinder waren, immer alles vorgeschrieben wurde, beispielsweise, wie sie sich zu benehmen hatten, was sie anziehen sollten, welches Instrument sie lernen mussten etc. Sie durften keine eigenen Ideen entwickeln, die Erwachsenen

wussten immer alles besser. So haben sie schon in ihrer Kindheit aufgegeben, ihre eigenen Vorstellungen zu etwas zu haben, weil diese nicht gefragt waren.

Zwang zur Konformität
Jeder Mensch hat eine ganz eigene Vorstellung davon, wie er nach außen hin wirken möchte, und gleichzeitig haben die Menschen um ihn herum eine Vorstellung davon, wie er wirken darf. Auf diese Weise ergibt sich ein labiles Gleichgewicht, das die freie Entscheidung eines Menschen und seine freie Meinungsäußerung oft verhindert.

Übergroßes Streben nach Sicherheit und Zwang zur Konformität sind kreativitätshemmend.

Zu große Erfolgserwartung
Wenn man den Fehler macht, zu große Erwartungen an sich zu stellen, ist

es meist schwierig, diesen zu entsprechen.

Warum machen wir nicht kleine Schritte, damit wir das Ziel nicht aus den Augen verlieren? Wenn ich nach Jahrzehnten der Pause wieder mit dem Malen anfangen will, dann hilft mir die bildliche Vorstellung „Mein Malstil soll irgendwo zwischen Monet und Cézanne liegen" nicht. In diesem Fall ist das Scheitern vorprogrammiert. Doch wie viel Spaß macht es, wenn ich die Farben des neuen Aquarellkastens einfach mal ausprobiere und mein Malpapier mit vielen Farbflecken bemale!

Übergroße Erfolgserwartung macht uns selbst und andere zu Versagern.

Mangelndes Interesse
Eltern und Lehrer können ein Lied davon singen: Zu wenig Interesse an den Themen des Unterrichts blockiert

Autoritäre Umgebungen sind kreativitätshemmend!

die kindliche Kreativität. Manchmal entsprechen die Themen nicht der Erlebniswelt der Kinder, manchmal sind die Methoden der Vermittlung nicht angemessen, manchmal sind die Kinder überfordert, manchmal unterfordert und manches Mal überfördert …

Doch Desinteresse aufseiten der Kinder kann auch entstehen, wenn sich Lehrer nicht wirklich für ihre Belange interessieren. Mangelndes Interesse an den Kindern kann bei diesen nicht zu Kreativität führen. Gleichzeitig muss ich als Pädagoge oder Künstler-Lehrer aber auch ein wirkliches Interesse an den Themen und an den Projekten haben. Das ist die erste Motivation. Die Kinder spüren die eigene Begeisterung und wollen daran beteiligt sein – und ich als Kursleiter muss sie beteiligen.

> Mangelndes Interesse kann nicht zu Kreativität führen.

Angst vor Versagen

Die Angst davor, etwas nicht zu schaffen, hindert uns daran, es wirklich zu schaffen. Viele von uns kennen diese Angst, z. B. vor Prüfungen. In diesen Situationen hat man das berühmte „Brett vor dem Kopf". Viele erfahrene Prüfer wissen das und haben die Fähigkeit, eine solch verfahrene Situation aufzulösen. In einer angstfreien Situation können wir uns besser an Gelerntes erinnern, und ohne Angst lernt es sich auch leichter.

> Angst vor Versagen ist kreativitätshemmend.

Spott, Zynismus, Kritiksucht

Wir kennen das alle, wie zerbrechlich unser Selbstwertgefühl ist, wie schnell zerstört, wenn man nichts recht machen kann, alles kritisiert und voller Ironie und Spott auf jeden Vorschlag reagiert wird. Durch Mobbing leidet

nicht nur das Selbstwertgefühl eines Menschen, auch seine Leistungsfähigkeit reduziert sich. Man wird krank und verliert die Lust an allem.

> Kreativität ist oft eine zarte Pflanze. Wenn jemand mit der Dampfwalze darüberfährt, ist sie platt. Spott, Ironie oder permanente Kritik sind kreativitätshemmend.

Killer und Killerphrasen

Jemanden immer gleich „auszubremsen", wenn er eine neue Idee hat, verhindert garantiert, dass er in Zukunft neue Ideen entwickeln wird.

> Neue Ideen brauchen Zeit, die Freiheit zum Experimentieren und Verständnis.

Gutes Klima für Kreativität

Damit ein Mensch kreativ sein kann, müssen bestimmte Voraussetzungen gegeben sein. Es ist wichtig, dass wir diese Voraussetzungen kennen und sie für die Menschen, mit denen wir arbeiten – egal, ob Kinder oder Erwachsene – bewusst schaffen.

Angenommen sein

Das Gefühl, als Person ernst genommen zu werden und den notwendigen Raum zugestanden zu bekommen, erhöht den Mut, kreativ zu sein.

Kreative Menschen sind natürlicherweise Individualisten. Das heißt aber auch, dass sie als diese akzeptiert werden müssen. Solange Kinder noch nicht „verbogen" und durch falsche Erziehung angepasst sind, sind sie auf eine ganz ursprüngliche Weise kreativ und wollen auch mit ihren oft ungewöhnlichen Ideen anerkannt werden. Nur, wenn wir ihnen etwas zutrauen, trauen sich auch die Kinder. Und das wiederum schafft Vertrauen.

Fehler machen dürfen

Ein Fehler ist kein Fehler, sondern eine in diesem Zusammenhang nicht brauchbare Lösung.

(BROOK TAYLOR)

Die Fähigkeit, kreative Lösungen für bestimmte Frage- oder Problemstellungen zu finden, ist ein menschliches Phänomen, und nur durch diese Fähigkeit ist der Mensch frei. Diese Freiheit beinhaltet natürlich auch, dass die Lösungsfindungen nicht ohne Fehler sein können. Doch man kann aus noch fehlerhaften Lösungen lernen, sie verbessern und optimieren. Das funktioniert allerdings nur, wenn man keine Angst vor Fehlern haben muss,

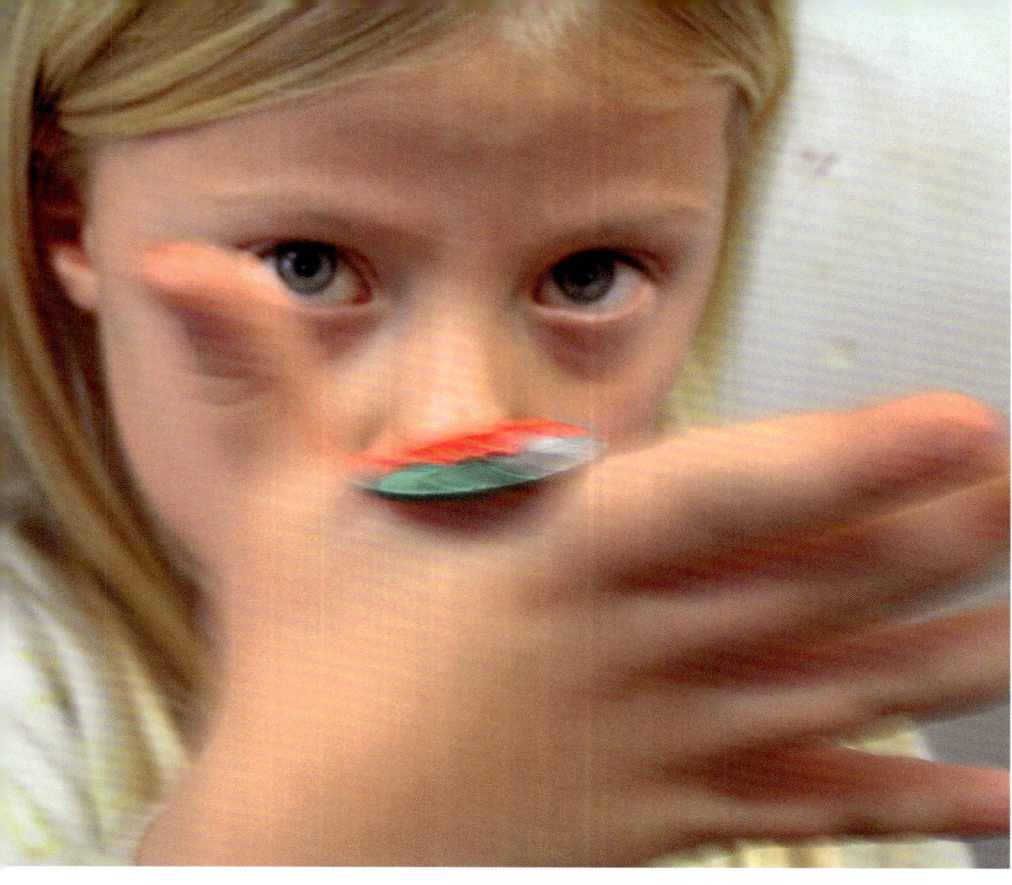

weder Angst, Fehler zu machen noch Angst, diese zuzugeben. Dann kann man den Mut haben, sich auf Neues einzulassen, sich ins Unbekannte und Ungewisse vorzuwagen.

Ohne die Fähigkeit zu kreativen Lösungen wäre Menschheits- und Kulturgeschichte gar nicht möglich. Ohne diese Fähigkeit gäbe es nicht nur keine Kunst und keine Werkzeuge, sondern auch keine neuen Wissenschaften oder Ideale wie Demokratie und Freiheit. Ohne diese Fähigkeit gäbe es auch keine Liebe.

Mensch zu sein heißt immer auch, kreativ zu sein und dabei Fehler machen zu dürfen. Fehlerlosigkeit ist unmenschlich. Die Verantwortung für die eigenen Fehler zu übernehmen, aus diesen zu lernen und nach besseren Lösungen zu suchen, ist zutiefst menschlich. Wenn Kinder diese innere Freiheit spüren und leben dürfen, dann trauen sie sich auch, die bisher bekannten Regeln und Formeln infrage zu stellen und neue Lösungen zu suchen.

Die Zeit

Ein ganz wichtiger Faktor für Kreativität ist Zeit. Wie unterschiedlich wir mit ihr umgehen, verraten die vielen Redewendungen, die es zum Thema Zeit gibt:

Du brauchst Zeit.

Mir fehlt dazu die Zeit.

Jemandem die Zeit rauben

sich Zeit gönnen

sich Zeit nehmen

die Zeit nutzen

Ich habe die Zeit noch nicht gefunden.

Alles hat seine Zeit.

die Zeit überschreiten

die Zeit mit etwas verbringen

Jemandem Zeit lassen

Die Zeit ist noch nicht gekommen.

Es ist eine Frage der Zeit.

Es wird Zeit.

Die Zeit heilt.

Die Zeit vergeht.

Die Zeit verfliegt.

die Zeit vergeuden

die Zeit totschlagen

Zeit verlieren

die Zeit vertreiben

die Zeit vertrödeln

Zeit gewinnen

Das kostet mich viel Zeit.

freie Zeit

geraume Zeit

Jeder Mensch hat seinen eigenen Rhythmus, seine Zeiten, in denen er besonders kreativ ist, seine Zeit, in der ihm Gedanken und Ideen zufliegen. Es ist wichtig, diese Zeiten herauszufinden und zu nutzen und sie nicht von hunderttausend Alltagskleinigkeiten verschütten zu lassen. Mancher ist mehr ein Morgenmensch, andere wiederum inspiriert die Mitternacht. Von vielen Künstlern und Naturwissenschaftlern ist bekannt, dass sie die Lösung eines Problems häufig dann gefunden haben, wenn sie vollkommen entspannt waren und sich mit anderen Dingen beschäftigt haben.

Der Raum

Wo, an welchem Ort, Kreativität beim einzelnen Menschen am besten funktioniert, ist offenbar sehr verschieden. Manche brauchen ihre gewohnte Umgebung, andere gehen gern in stark frequentierte Cafés oder schlendern durch Kaufhäuser. Wieder andere gehen spazieren, arbeiten im Garten, räumen den Schreibtisch auf, kochen Tee … Wichtig ist wohl eine anregende Umgebung und der Zugang zu Informationsquellen, falls diese bei der Ideenfindung gebraucht werden.

„Was die Bewahrung und Entwicklung der Individualität und damit die Kreativität fördert, ist eine Umgebung, die unsere Persönlichkeit widerspiegelt, ein Ort, an dem es uns leicht fällt, die äußere Welt zu vergessen und uns vollständig auf die momentane Aufgabe zu konzentrieren."

(MIHÁLY CSÍKZENTMIHÁLY) [6]

Pädagogische Räume im Sinne einer Werkstatt inspirieren Kinder und Jugendliche durch vielfältige Materialien, Werkzeuge und Anregungen. Gut vorbereitete Räume können motivieren, bildnerische Herausforderungen individuell zu entdecken und eigene Lösungen zu finden. Im Sinne der Montessori-Pädagogik (Prinzip der „vorbereiteten Umgebung") können Kinder dann selbst motiviert und eigenständig lernen und arbeiten und ihrer Phantasie Ausdruck geben.

KINDERKUNSTKOPF

3. Der kreative Mensch – Merkmale seiner Persönlichkeit

Ist die kreative Persönlichkeit anders als andere Menschen, und wenn ja, worin unterscheidet sie sich? – Schon Joy P. Guilford hatte 1950 in seinem grundlegenden Vortrag über Kreativität[7] diese Frage gestellt. Er beobachtete Zeitgenossen und analysierte Biografien von Menschen, die als besonders kreativ oder vielleicht sogar genial galten, und zeichnete mit den Ergebnissen dieser Untersuchungen ein Persönlichkeitsprofil kreativer Menschen. Die Forschung hat dieses Profil inzwischen sehr stark differenziert, die Grundstrukturen aber beibehalten. So geht Mihály Csíkszentmihályi von zehn polaren Positionen aus, die typisch sind für kreative Menschen:

1. Kreative Menschen verfügen über eine Menge physischer Energie, sie sind aber auch häufig ruhig und entspannt. Sie machen Überstunden, arbeiten mit höchster Konzentration und strahlen gleichzeitig eine Aura der Frische und Begeisterung aus ... Das heißt nicht, dass

kreative Personen hyperaktiv sind, ständig auf Hochtouren laufen und unentwegt Ideen produzieren.

2. Kreative Menschen sind häufig weltklug und naiv zugleich. Wie schlau sie tatsächlich sind, ist eine ungeklärte Frage. Vermutlich ist der sogenannte G-Faktor – die psychologische Bezeichnung für eine allgemeine Kernintelligenz – bei besonders kreativen Menschen tatsächlich stark ausgeprägt … Aber ein scharfer Verstand kann die Kreativität auch negativ beeinflussen.

3. Eine dritte paradoxe Eigenschaftskombination ist die Verbindung von Disziplin und Spielerischem oder von Verantwortungsgefühl und Ungebundenheit. Eine spielerische, entspannte Haltung ist zweifellos typisch für kreative In-

dividuen … Aber auch das Spielerische braucht seine Antithese, eine gewisse Dickköpfigkeit, Sturheit und Ausdauer. Ohne harte Arbeit kann man weder eine neue Idee verwirklichen noch die Hindernisse überwinden, die sich einer kreativen Person unweigerlich entgegenstellen.

4. Kreative Individuen wechseln zwischen Imagination und Phantasie auf der einen Seite und einem bodenständigen Realitätssinn auf der anderen Seite. Beides ist notwendig, damit sie sich von der Gegenwart freimachen können, ohne den Bezug zur Vergangenheit zu verlieren.

5. Kreative Personen vereinen offenbar gegensätzliche Tendenzen auf dem Spektrum zwischen Extraversion und Introversion. Die meisten

Menschen sind entweder das eine oder das andere … Im Gegensatz dazu bringen kreative Menschen offenbar beide Eigenschaften gleichzeitig zum Ausdruck.

6. Ein weiteres auffälliges Merkmal ist die scheinbar widersprüchliche Mischung von Demut und Stolz … Dazu kommt der Gegensatz von Ehrgeiz und Selbstlosigkeit oder von Wettbewerb und Kooperation.

7. Es ist nicht überraschend, dass kreative Individuen häufig nicht nur die Stärken ihres eigenen sozialen Geschlechts, sondern auch die des anderen aufweisen. Eine psychologisch androgyne Person verfügt über ein doppelt so großes Verhaltensrepertoire, was ihr ein wesentlich reicheres Spektrum an Interaktionsmöglichkeiten eröffnet.

8. Kreative Menschen gelten im Allgemeinen als rebellisch und unabhängig. Aber man kann nur kreativ sein, wenn man zunächst eine bestimmte kulturelle Domäne verinnerlicht hat ... Die Bereitschaft, Risiken einzugehen, mit der Sicherheit von Traditionen zu brechen, ist aber ebenfalls notwendig.

9. Die meisten kreativen Personen bringen sehr viel Leidenschaft für ihre Arbeit auf und können ihr doch auch mit einem Höchstmaß an Objektivität begegnen.

10. Schließlich sind kreative Individuen durch ihre Offenheit und Sensibilität häufig Leid und Schmerz, aber auch intensiver Freude ausgesetzt ... Die vielleicht wichtigste Eigenschaft, die sich bei fast allen kreativen Personen findet, ist die Fähigkeit, den Schaffensprozess um seiner selbst willen zu genießen ... Die Freude ist ein elementarer Bestandteil der Kreativität.[8]

Diese zehn widersprüchlichen Merkmalspaare sind die vielleicht aufschlussreichsten Eigenschaften von kreativen Menschen. Natürlich ist die Liste bis zu einem gewissen Grad willkürlich. Aber das Entscheidende ist, dass man diese widersprüchlichen Merkmale – oder alle widersprüchlichen Merkmale – selten in ein und derselben Person antrifft.

In den folgenden Unterkapiteln wird ausführlicher den Merkmalen kreativer Menschen nachgegangen werden, die auf dem von Guilford herausgearbeiteten Profil aufbauen. Außerdem werden zu jeder Eigenschaft eines kreativen Menschen Übungen, Anregungen und Spiele vorgeschlagen, die diese Eigenschaften besonders fördern, unterstützen und stabilisieren sollen. Diese Anregungen sind äußerst knapp und allgemein formuliert. Sie sind als Impulse zu verstehen, die auf die jeweiligen Bedürfnisse (Anzahl und Alter der Personen, Möglichkeiten und Situationen, Räume und Mittel) individuell übertragen werden können. Sie sind als Herausforderung für diejenigen gedacht, die sich darauf einlassen wollen. Überall, wo Sie in diesem Buch auf kleine, blaue Quadrate stoßen, sind Sie zum kreativen Ausprobieren, Experimentieren und Mitmachen eingeladen.

Sensibilität

Heute mit offenen Sinnen zu leben in der Reizflut, der wir 24 Stunden am Tag ausgesetzt sind, ist außerordentlich schwer. Außerdem erscheint Sensibilität vielen Menschen als unmodern und geradezu selbstgefährdend. Trotzdem ist Sensibilität die grundlegende Eigenschaft kreativer Menschen. Sie sind bereit und „aufgeschlossen" genug, in allen Bereichen mehr als zum Überleben nötig wahrzunehmen. Wir unterscheiden hier einige grundsätzliche Bereiche: emotionale Sensibilität, Problemsensibilität, soziale Sensibilität und Wahrnehmungssensibilität. Diese verschiedenen Ausprägungen von Sensibilität bilden zusammen die Basis kreativen Verhaltens. Kreative Menschen leben mit allen Sinnen, ihr Sensorium ist nicht vom Zweckdenken her bestimmt, sie erlauben sich sogenannte

„Luxusinformationen", d.h. sie haben Spaß daran, ihre Sinne ausgiebig und umfassend zu benutzen.

Emotionale Sensibilität

Kreative Menschen haben eine ausgebaute, fast erweiterte Gefühlsskala, die von tiefster Depression bis zu höchster Euphorie reichen kann, von Freude bis Leid, von Hell bis Dunkel. „Himmelhoch jauchzend, zu Tode betrübt", schrieb Goethe im „Egmont".

Problemsensibilität

Kreative Menschen haben oft eine hohe Problemsensibilität. Sie spüren vielleicht schneller als andere, dass irgendetwas nicht stimmt, dass Umwelttatbestände oder soziale Beziehungen, was auch immer, nicht stimmen, dass Probleme entstanden sind.

Soziale Sensibilität

Großer Geist, bewahre mich davor, über einen Menschen zu urteilen, ehe ich nicht eine Meile in seinen Mokassins gegangen bin.

(UNBEKANNTER APACHENKRIEGER)

Oft haben kreative Menschen eine hohe Sensibilität im sozialen Bereich. Sie nehmen wahr, was um sie herum vorgeht, sind aufmerksam für ihre Mitmenschen, können sich in deren Probleme einfühlen, schauen nicht weg.

Spiele und Übungen zur Förderung der sozialen Sensibilität

Fotos von fremden Menschen betrachten und interpretieren

- Was drückt das Gesicht eines bestimmten Menschen wohl aus? Eine Laune, ein Gefühl, eine Lebenserfahrung?
- Was sagt die Bewegung dieser Hand aus, was bedeutet die Geste dieser Hände?
- Welche Hände gehören zu welchen Gesichtern?

Fremde Menschen im Alltag beobachten und beschreiben (auch mithilfe von Pantomime)

- Wie bewegt sich ein bestimmter Mensch? Was erkennt man an seinem Gang?
- Woran erkennt man, ob jemand ängstlich, schüchtern, einsam, unsicher, ernst, traurig, verzweifelt oder selbstbewusst, gut gelaunt, lustig, fröhlich, frech, aggressiv, aufdringlich, albern, festlich, verliebt … ist?
- Welche Kleidung trägt jemand, der vorbeigeht? (Anzug, schicke Klamotten, Freizeitlook, Uniform, bequeme Kleidung) Sind Menschen in der Disco, auf der Straße, bei der Arbeit etc. auch so angezogen?
- Wie ist der erste Eindruck eines Menschen? Ändert sich dieser später beim besseren Kennenlernen?
- Was am Aussehen eines Menschen könnte Vorurteile auslösen? Was könnte das bei Kindern, Erwachsenen, Ausländern sein? Von eigenen Erfahrungen erzählen.
- Passen Körpersprache und Kleidung eines Menschen zusammen? Wirkt er glaubwürdig?

Jemanden mit geschlossenen Augen erkennen

- Wem gehört diese Hand? Blind eine fremde Hand fühlen und ertasten.
- Wer trägt diesen Pullover, dieses Sweatshirt etc.? Am Ärmel ertasten.
- Wer bist du? Blinde Kuh spielen.
- Stimmen erraten und erraten lassen.

Jemanden am Geruch erkennen

- Wie riechst du, wer bist du? Mit geschlossenen Augen andere am Geruch erkennen.
- Welches Parfum passt zu wem?

Sich fremde Menschen und unbekannte Situationen vorstellen

- Was spielt sich da ab? Mit geschlossenen Augen kurze Pas-

sagen aus dem Fernsehen oder Rundfunk anhören. In welcher Laune ist die Person, die gerade spricht, in welcher Situation? Wie könnte sie aussehen, was trägt sie, welchen Beruf könnte sie haben?

Sich malend auf jemanden einstellen

- Zu zweit, immer abwechselnd, ein Bild malen.
- Zu zweit mit einem Stift nach Musik auf Papier „tanzen". Langsam und gleichzeitig zeichnen und dabei versuchen, die andere oder den anderen grafisch anzuregen oder Anregungen aufzugreifen.
- Zu zweit nach Musik ein Bild malen (am besten nur Farbflecken), das der Musik entspricht. Dann die Musik wechseln – verschiedene Rhythmen, Instrumente, Tempi, Stile.

Wie fühle ich mich?

- Ein durchsichtiges Glas halb mit Wasser füllen und mit einer Farbe aus dem Malkasten, die meiner Stimmung entspricht, einfärben.
- Wie fühlst du dich? Die „Farbstimmung" von jemand anderem analysieren und derjenigen/demjenigen beschreiben. Nachfragen, ob die Einschätzung richtig war.

Wahrnehmungssensibilität

Offensichtlich sind kreative Menschen eher dazu bereit als andere, ihre Sinne zu benutzen – und sie öfter und umfassender zu benutzen. Natürlich muss sich jeder von uns vor Reizüberflutung (ein anschauliches Wort!) schützen und daher auswählen. Es fragt sich nur, wie schmal der Wahrnehmungs-

schlitz ist, durch den die Wirklichkeit dann noch zu uns dringen kann.

Wir sind in unserer Wahrnehmung sicherlich stark beeinträchtigt an Tagen voller Probleme, voller Hektik, voller Angst. Nicht zu lösende Konflikte können der Blick nach innen lenken. Je nachdem, ob ein Mensch schlecht gelaunt ist, traurig, verzweifelt, nervös oder aber in bester Stimmung, verliebt, im Urlaub mit viel Zeit – immer werden seine Sinne anders reagieren.

Vielleicht steuert ja auch ein Vorhaben die subjektive Wahrnehmung: Wenn ich meinen Vorgarten neu gestalten will, sehe ich plötzlich alle Vorgärten mit anderen Augen und wenn ich vorhabe, mein Haus neu zu streichen, werde ich die Fassaden anderer Häuser kritischer unter diesem Aspekt betrachten. Meine Lern- und Lebens-

geschichte, meine Vorlieben, mein Interesse steuern meine Wahrnehmung mehr als ich annehme. Ein Jäger geht anders durch den Wald als ein Ökologe, ein Pilzsammler, ein Maler, ein Kind oder ein Liebespaar.

Sehen, hören, tasten, schmecken, riechen bedeutet nicht schon „wahrnehmen". Es ist nicht selbstverständlich, dass die Sinneseindrücke in mein Bewusstsein dringen und damit verfügbar werden. Ich kann das lernen, ich kann mich dazu entschließen, es zu lernen, und dafür eine bewusstere Wahrnehmung einüben.

Kreative Menschen sind wohl aufgrund ihrer typischen Offenheit und Neugierde eher dazu in der Lage. Sie sind wie gute Fotografen, die nie Urlaub haben, weil sie bewusst und unbewusst immer auf Motivsuche sind. Und sie finden die Motive auch!

Eine funktionierende Wahrnehmung ist aber auch noch aus einem anderen Grund von Bedeutung: Über meine Wahrnehmung nehme ich Verbindung mit meiner Umwelt auf, ich vernetze mich sozusagen mit ihr. Die kleinen Wahrnehmungsbotschaften bestimmen nicht nur das Ziel, sondern auch den Ausgangspunkt, d.h.

sie bestimmen letztlich – mich. Meine Position wird geschärft. Ohne diesen Vorgang bin ich zwar körperlich anwesend, aber eben nur körperlich.

Über meine Wahrnehmungssensibilität verbinde ich mich mit der Umwelt, trete mit ihr in Kommunikation, analysiere, liefere den Stoff für mein

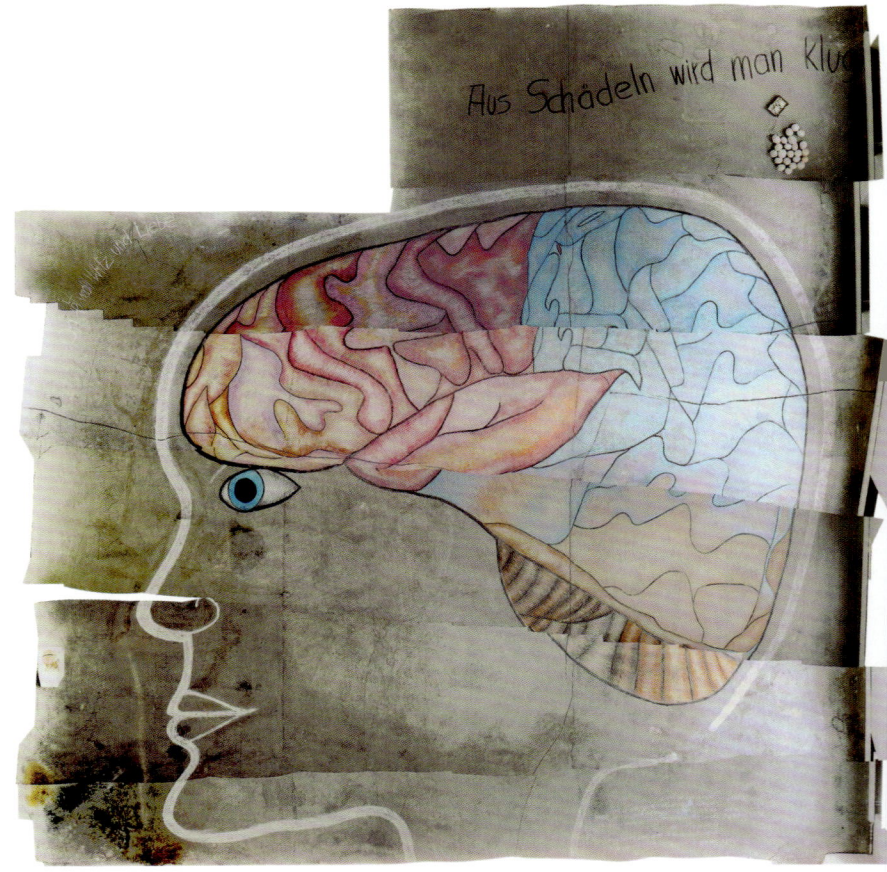

Gehirn und setze die Grundlage für mein mögliches Glücksempfinden. Jede Du-, jede Wir-Beziehung ist nur so möglich.

Wahrnehmungssensibilität, das Entwickeln von Ideen und Vorstellungen und das Antworten auf Impulse von Außen, auf Ideen und Bilder stehen in einem direkten Zusammenhang.

Über eine trainierte Wahrnehmung gelingt es vielleicht auch, das viel zitierte Verschwinden der Wirklichkeit zu unterbrechen, um auf diese Weise uns selbst und unseren Umweltbezug zurückzuerobern und aus der medial vorfabrizierten Welt auszubrechen. Für die individuelle Kreativität ist dies unbedingt notwendig.

Nur, wenn ich über die Tatsache der bloßen „Dingbenennung" hinaus auch die reiche Erscheinungswelt wahrnehme, nur wenn ich mir diese Luxusinformationen gönne, die ich zum Überleben nicht brauche, besorge ich mir den Stoff, mit dem Phantasie und Kreativität umgehen.

„Wie hätte ich leben können all die Zeit, ohne zu wissen, daß alles auf der Welt eine Stimme hat und sprechen kann? Nicht nur die Dinge, denen man eine Sprache zugesteht, nein, auch die anderen: die Torwege, die Mauern der Häuser, die Balken, die Schatten der Bäume, der Sand und das Schweigen. Schon vor meinem Unfall liebte ich die Töne, und doch: Aufmerksam kann ich ihnen nicht gelauscht haben. Seitdem ich blind war, konnte ich keine Bewegung mehr machen, ohne nicht eine Flut von Geräuschen auszulösen."

(JACQUES LUSSEYRAN) [9]

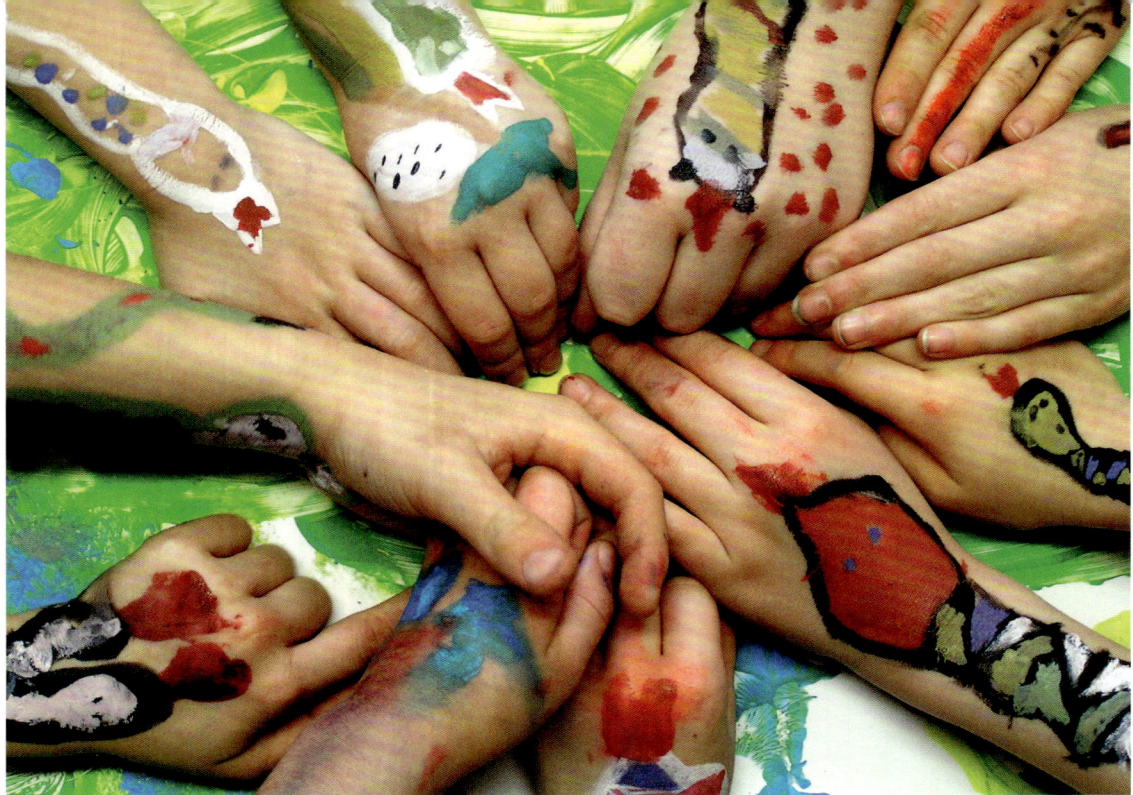

Spiele und Übungen zur Förderung der Wahrnehmung

Wo bin ich?

- Die Augen schließen. Wie sieht der Raum aus? Wo im Raum befinde ich mich?
- Wie bin ich hierher gekommen? Den Weg von der Haustür bis in diesen Raum beschreiben.
- Wie warm ist es hier? Die kälteste und die wärmste Stelle finden und beschreiben.
- Wie hell ist der Raum? Wo sind dunkle Ecken?
- Welche Möbel stehen hier? Mit geschlossenen Augen den Stuhl beschreiben, auf dem ich sitze.
- Wie riecht es hier?

Kimspiele

- Verschiedene Gegenstände betrachten und dann aus dem Gedächtnis aufzählen.
- Jemand verändert unauffällig ein paar Gegenstände, nimmt sie weg, stellt sie anderswo auf. Was ist jetzt anders?

Spiele mit Licht und Schatten

- Verschiedene Lichtquellen und ihre Schatten beobachten. Verändere die Schatten.
- Den Schatten eines Hauses, Baumes, Autos über eine längere Zeit beobachten. Was verändert sich?
- Die Bewegung der Sonne durch auf dem Boden markierte Schatten verfolgen.

- Ein Schattenspiel durchführen mit typischen Bewegungen. Körpersprache einsetzen!

Wie schmeckt etwas?

- Dem Geschmack verschiedener Getränke zuerst auf der Zunge und dann im Gaumen nachspüren. Wie ist der Nachgeschmack? Wie verändert sich z. B. der

Geschmack von Wasser, Säften, Kräutertee, Mineralwasser mit und ohne Kohlensäure oder Milch?

- Wie verändert sich der Geschmack von klarem Wasser durch Zugabe von Zucker, Salz, Gewürzen? Beschreiben!
- Den Geschmack verschiedener Brote, von Lebkuchen, Weihnachtsgebäck und Keksen probieren und beschreiben.
- Verschiedene Gewürze ausprobieren und mit verbundenen Augen wiedererkennen.

Was duftet denn da? Gerüche mit verbundenen Augen erraten.

- Lebensmittel, Gewürze, Getränke nur über ihren Geruch bestimmen.
- Den Duft von Pflanzen und Kräutern kennenlernen und erraten.
- Versteckte Dinge mithilfe ihres Geruchs suchen und finden.
- Blumen nur durch ihren Geruch wiedererkennen.
- Einen Duftgarten anlegen.

Ertasten von Oberflächen mit verbundenen Augen

- Ganz unterschiedliche Materialien (Stoffe, Rupfen, Strick- und Stickwaren, Leder, Holz mit verschiedener Behandlung, Schmirgelpapiere verschiedener Stärke, Kork, Linoleum, Keramik, Blech, Felle, Styropor usw.) ertasten, beschreiben und benennen.
- Ein Tastkino bauen (große Pappschachtel mit einem Gegenstand darin, den man durch Löcher in den Seitenwänden ertasten kann). Den Gegenstand erraten und benennen oder so beschreiben, dass die anderen erraten können, um was es sich handelt.
- Einen Tastraum in einem großen Karton bauen (z.B. Kühlschrankverpackung)
- Ein Tastdomino anlegen und gemeinsam damit spielen.

Spurensuche: Wer war es?

- Typische Spuren suchen und verfolgen: Fußabdruck, Schuhsohle, Fahrrad-, Auto-, Motorad- und Werkzeugspuren.
- Tierspuren suchen und verfolgen: Welches Tier war hier? Ist es gelaufen, gehüpft, gesprungen? Was ist typisch an diesen Tierbewegungen? Einem blinden Freund beschreiben.

Genau hinhören

- Zuhören, bis ein Ton ausklingt. (Klangschale, Gong, Stimmgabel)
- Wie wird dieser Ton erzeugt? (Zupfen, Streichen, Schlagen, Blasen usw.)
- Jemandem beim Spiel eines Instruments zuhören und ihn dabei beobachten.
- Einzelne Instrumente, einzelne Stimmen beim Zusammenspiel erraten.
- Geräusche aus dem Alltag erraten.
- Den Hall und Nachhall in großen Räumen, Sälen, Kirchen beachten.

Farben beobachten und vergleichen

- Farben nach Familien ordnen.
- Farben von Hell nach Dunkel anordnen.
- Passende Farben suchen, z.B. für Regen, Nacht, Gewitter, Dämmerung, Frühling, Sommer, Herbst, Winter.
- Kalte und warme Farben suchen.
- Lieblingsfarben suchen: Farben, die mir, die dir stehen.

Wir alle kennen das: Wenn wir uns mit einer Sache, einer Idee, einem Thema, einer Farbe … näher beschäftigen, werden wir plötzlich häufig damit konfrontiert. Plötzlich nehmen wir Dinge wahr, die wir sonst wohl immer übersehen haben. Plötzlich sieht man die Phänomene überall!

„Oft hat er uns erzählt, wie ihm als Kind der Trieb, die Sinne zu üben, zu beschäftigen und zu erfüllen, keine Ruhe ließ. Den Sternen sah er zu und ahmte ihre Züge, ihre Stellungen im Sand nach. Ins Luftmeer sah er ohne Rast und ward nicht müde, seine Klarheit, seine Bewegungen, seine Wolken, seine Lichter zu betrachten. Er sammelte sich Steine, Blumen, Käfer aller Art und legte sie in mannigfacher Weise sich in Reihen. Auf Menschen und Tiere gab er Acht, am Strand des Meeres saß er, suchte Muscheln. Auf sein Gemüt und seine Gedanken lauschte er sorgsam. Er wußte nicht, wohin ihn seine Sehnsucht trieb. Wie er größer ward, strich er umher, besah sich andre Länder, andre Meere, neue Lüfte, fremde Sterne, unbekannte Pflanzen, Tiere, Menschen, stieg in Höhlen, sah, wie in Bänken und in bunten Schichten der Erde Bau vollführt war, und drückte Ton in sonderbare Faltenbilder. Nun fand er überall Bekanntes wieder, nur wunderlich gemischt, gepaart, und also ordneten sich selbst in ihm oft seltsame Dinge. Er merkte bald auf die Verbindungen in allem, auf Begegnungen, Zusammentreffungen. Nun sah er bald nichts mehr allein. – In großen bunten Bildern drängten sich die Wahrnehmungen seiner Sinne: Er hörte, sah, tastete und dachte zugleich. Er freute sich, Fremdlinge zusammenzubringen. Bald waren ihm die Sterne Menschen, bald die Menschen Sterne, die Steine Tiere, die Wolken Pflanzen, er spielte mit den Kräften und Erscheinungen, er wußte, wo und wie er dies und jenes finden und erscheinen lassen konnte, und griff so selbst in den Saiten nach Tönen und Gängen umher.“

(NOVALIS) [10]

Flexibilität

Für kreative Menschen sind neue Menschen, neue Aufgaben und neue Situationen spannende Herausforderungen. Es macht ihnen Spaß, auf diese zu reagieren und dafür möglicherweise auch neuartige Lösungsstrategien zu entwickeln. Es schreckt sie nicht, ein Ufer zu verlassen, ohne das neue schon genau zu kennen. Diese Unsicherheit kann viele Fähigkeiten aktivieren und kreative Menschen verlassen sich darauf, dass sie im Ernstfall über diese verfügen können.

Flexibilität bedeutet auch die Fähigkeit, Zufallslösungen integrieren zu können. Unsere sich immer schneller wandelnde Welt wird immer mehr bewegliche und flexible Menschen brauchen, die nicht durch Ängste und Unsicherheit gehandicapt sind.

Typisch für kreative Menschen ist auch, dass sie schnell auf passives Wissen, auf weit zurückliegende Wissensinhalte zurückgreifen und diese mit aktuellen Informationen verknüpfen können. Sie sind schnelle Denker und oft sehr schlagfertige Menschen. Diese Flexibilität kann man üben, am besten im Spiel. Sich schnell mit neuen Gegebenheiten zurecht- und abzufinden, schnell umzudenken, neu zu planen, andere Faktoren in die Handlungen mit einzubeziehen … das alles übt sich am besten mit Spielpartnern.

Spiele und Übungen zur Förderung der Flexibilität

Gemeinsam handeln, ohne dabei zu kommunizieren

- Zu zweit ein dreidimensionales Gebilde bauen. Jedes Paar erhält einen Papierbogen Größe DIN A3, der gerissen, geschnitten, gefaltet, geklebt etc. werden soll. Das Material muss ganz verbraucht werden. Im anschließenden Gespräch klären, ab wann jede Gruppe an der gemeinsamen Idee gearbeitet hat, ob jemand vereinnahmt wurde oder jeder seine Chance hatte.

- Jedes Paar erhält Latten, Schnüre, Papiere, Kreppklebebänder, Drähte, Nägel, Hammer, Feinsäge, Zwickzangen mit der Aufgabe, gemeinsam etwas daraus zu bauen.

Auf ungewöhnliche Weise miteinander kommunizieren

- Sich einige Zeit (am besten Stunden!) nur nonverbal verständigen.
- Ganz leise schimpfen, sehr laut zärtliche Dinge sagen.

Dinge auf ungewöhnliche Weise tun

- Entdeckung der Langsamkeit: Dinge sehr langsam tun, sagen, lesen, musizieren.
- Entdeckung der Geschwindigkeit: Dinge sehr schnell tun, sagen, lesen, musizieren.
- Frau spielt Mann, Mann spielt Frau: Typische Situationen, typische Verhaltensweisen nachspielen.
- Verdrehte Temperamente: Genau entgegengesetzt zum gewohnten Verhalten handeln oder bewegen.

Neues Vokabular entdecken

- Einen Werbetext für einen Gegenstand oder eine Dienstleistung entwickeln.
- Wortfelder zusammentragen, z. B. zu den Verben „gehen", „sehen", „hören", „tasten", „riechen", „schmecken" usw.

Schnelle Reaktionen üben

- Verwechslungsspiel: Jemand wird im Spiel mit einer bekannten Person verwechselt und muss schnell reagieren.
- Ein fiktives Interview geben: in ein Mikrofon sprechen, Autogramme oder ein kurzes Statement geben.
- Orientierung finden: Auf einer Wanderung wurde die Landkarte vergessen. Was tun?
- Spontan reagieren: Kulissenbau hinter dem geschlossenen Vorhang auf einer Bühne. Das Publikum nimmt lautlos Platz. Plötzlich Scheinwerferlicht, der Vorhang öffnet sich. Erwartungsvoller Beifall …
- Jemanden überzeugen: Verabredung im Theater. Der Partner ist schon im Gebäude, leider auch mit der eigenen Karte. Niemand glaubt das …
- Gute Ausreden erfinden für diverse Situationen.

Assoziationsfähigkeit

Kreative Menschen können sehr differenziert assoziieren. Unter Assoziation versteht man gemeinhin die Verknüpfung von Vorstellungen, von denen eine die andere hervorgerufen hat. Assoziationen sind die Reaktion in Worten, Begriffen, Ideen, Vorstellungen, Klängen, Melodien oder Bildern etc. auf Impulse, die meist von außen kommen. Das ist oft ein seltsamer Vorgang: Es ist schönes Wetter, die Kumuluswolken ziehen über den Himmel. Man unterhält sich angeregt mit jemandem. Plötzlich unterbricht man das Gespräch, deutet auf die Wolken: „Schau mal, ein Krokodil!" Man hat nicht nur nicht über Krokodile gesprochen, man dachte nicht einmal im Entferntesten daran. Was ist hier geschehen?

Man könnte sich den Vorgang im Bild so vorstellen: Wenn man zwei gleiche Instrumente, z. B. Gitarren, genau und exakt gleich stimmt und bei der einen Gitarre die D-Saite zupft, so schwingt diese bei der anderen Gitarre auch – ohne dass ich sie berühre. Es ist die Kongruenzschwingung, d. h., die Frequenzen der beiden Gitarren sind gleich. Wenn ich in mir einen sehr reich ausgestatteten Fundus an Worten, Bildern, Versen, Melodien usw. habe, ist die Wahrscheinlichkeit einer Kongruenzschwingung sehr groß. Schon durch geringe Anstöße von außen werden die Bilder etc. hervorgerufen. Die Fähigkeit zur Assoziation macht unseren Körper aufgrund unserer Lerngeschichte, unserer Biografie und unserer Phantasie zu einem sehr empfindsamen Instrument.

„Art und Weise, den Geist zu verschiedenerlei Erfindungen zu mehren und anzuregen. Ich werde nicht ermangeln, unter diesen Vorschriften eine neu erfundene Art des Schauens herzusetzen, die sich zwar klein und fast lächerlich ausnehmen mag, nichtsdestoweniger aber doch sehr brauchbar ist, den Geist zu verschiedenerlei Erfindungen zu wecken. Sie besteht darin, daß du auf manche Mauern hinsiehst, die mit allerlei Flecken bekleckst sind, oder auf Gestein von verschiedenem Gemisch. Hast du irgendeine Situation zu erfinden, so kannst du da Dinge erblicken, die diversen Landschaften gleich sehen, geschmückt mit Gebirgen, Flüssen, Felsen, Bäumen, großen Ebenen, Tal und Hügeln in mancherlei Art ..."

(LEONARDO DA VINCI)[11]

Spiele und Übungen zur Förderung der Assoziationsfähigkeit

Sich einfühlen
- Farben oder Zeichen finden für: Freude, Trauer, Glück, Angst, Vernunft, Sorgfalt, Klugheit, Bosheit, Stimmung, Frechheit, Dank, Verwirrung, Fest, Abschied …
- Doppelgängerspiel: Was wärst du als Möbelstück, Farbe, Wetter, Fahrzeug, Werkzeug?
- Wie ist die „Stimmung" verschiedener Instrumente? Piccoloflöte – Cello – Bassgeige – Orgel – Cembalo – Banjo – Klarinette …

Geschichten erfinden
- Kriminalgeschichten erfinden nach vorgegebenen Reizwörtern: großer Diamant – zerbrochenes Küchenfenster – Spuren im Salatbeet – Gullydeckel – durchgeschnittenes Telefonkabel/Schrei in der Nacht – schleichende Schritte – Stimmengewirr – Seil – Falle/Käse an der Zentralheizung – Licht um 4 Uhr morgens – Flüstern – Kurzschluss …
- „Die Geschichte vom roten Fleck: Eine Malgeschichte mit vielen Akten" weitererzählen (z.B.: Der rote Fleck wächst in einer sehr ungewöhnlichen Umgebung auf. – Der rote Fleck ist ins Wasser gefallen. – Der rote Fleck hat sich geschmückt, weil er mit seiner Freundin ausgehen will. – Der rote Fleck unternimmt eine Reise. – Der rote Fleck gründet eine Familie. – Der rote Fleck stirbt und wird zu einem neuen Stern …) Neue Erlebnisse erfinden und daraus ein schönes Bilderbuch binden.
- In Geschichten sogenannte „Erzählplateaus" einbauen: Wie könnte die Geschichte ab einem bestimmten Punkt weitergehen?

Abstrakte Bilder betrachten und interpretieren
- Was könnte das sein? Fleckenbilder an den Wänden, Schattenbilder.
- Motive erkennen: „Wildes Sehen" in Holzmaserungen, Felswänden,

Marmor, Korkplatten, Emulsionen von Farben, Milch im Kaffee.

- Impulspapiere: Flecken, Punkte und Linien sollen zum Weiterspinnen mit Pinsel oder Stift anregen.
- Wolkenbilder betrachten (Haufenwolken etc.).
- Betrachten von gegenstandslosen Bildern. In welcher Stimmung war wohl der Künstler? Was fällt mir auf?

Konkrete Bilder / Plastiken betrachten und interpretieren

- Betrachten von Bildern mit „ablesbarem" konkreten Inhalt: Wie wirkt das Bild auf mich und warum? Was ist genau dargestellt? Stehen die Menschen zueinander in Beziehung?
  Gibt es einen Bezug der Dinge und der Menschen? Wie ist das ausgedrückt? Warum hat die Künstlerin, der Künstler das Bild wohl gemalt?
- Bilder und Worte, Bilder und Geschichten: Ein Bild, z.B. „Frauenpavillon" von Paul Klee, wird genau betrachtet. Es werden Fragen an das Bild gestellt. Geschichten dazu erzählen oder schreiben.
- Betrachten und Begreifen einer Plastik: Welche Gefühle löst bei mir die Plastik aus, ihr Material, ihre besonderen Formen, die Oberflächenbehandlung?

Angenehme und weniger angenehme Stellen. Warum könnte die Künstlerin oder der Künstler die Plastik gemacht haben? Was für ein Mensch ist der Künstler / die Künstlerin, wie leben sie?

Selbst etwas gestalten

- Suchbilder zeichnen.
- Einen Ausschnitt aus einer Illustrierten weiter collagieren, bis ein einheitliches Bild entstanden ist.
- Ein farbiges Viereck so in ein Bild einbauen, dass es nicht mehr als Fremdkörper auffällt.
- Reizformen weiter entwickeln zu Zeichnungen oder Malereien: ein Kreis auf einem Blatt. Was bedeutet er? Liegt die Figur, steht sie, macht sie Kopfstand?
- Öl auf Wasser geben und die entstehenden Formen benennen.

Phantasiereisen

Reise in unserem Körper

- Mein Körper als „Reiseland": Ich spüre meinen Atem. Ich höre und fühle mein Herz und den Puls. Ich spüre das Gewicht meines linken Beines, meines rechten Beines, meines linken Armes, meines rechten Armes, mein linkes Ohr, mein rechtes Ohr. Ich spüre meine Haut.

Reisen vor der Haustür

- Der Baum vor dem Fenster: Wie sieht er im Winter aus? Woran erkennt man den beginnenden Frühling? Es wird Sommer. Woran sieht man das? Was verändert sich im Herbst? Es wird wieder Winter.
- Wir sammeln Blüten, Blätter, Steine, Rinde und Samen von Pflanzen, sortieren und arrangieren diese. In manchen Fundstücken entdecken wir magische Dinge und denken uns Geschichten dazu aus.

Reisen durch unsere Geschichte

- Wir suchen das älteste Gebäude des Ortes: Wie sah wohl damals der Ort aus? Wie groß war er? Welche Menschen lebten damals und wovon? Wie waren sie gekleidet? Lebten sie in Frieden? Wo gab es Gefahren? Wie verteidigten sie sich?
- Wir suchen Schachtelhalme: Früher waren sie so groß wie Bäume. Wie sah die Landschaft aus? Welches Klima herrschte? Welche Tiere gab es? Dinosaurier, Ichthyosaurier, Mammuts. Wie sahen die Menschen aus? Wo und wie lebten sie?

Reisen in realen Welten

- Wir fahren bei Sonnenaufgang mit einem Ballon über unseren Ort und unsere Gegend. Was sehen wir?
- Ausländische Kinder beschreiben ihre Heimat, ihr Dorf, ihr Haus, ihre Familie, ihre Kirche, ihre Landschaft, ihre Lieder und Spiele.

Reisen in Traumwelten

- Ich gehe durch einen Zauberwald. Was sehe ich da alles? Bäume – Blätter – Früchte – Gräser – Blumen – Wasser – Gerüche – Geräusche – Tiere – Wetter.
- Ich wandere durch ein verlassenes Zauberschloss. Wo liegt es? Form der Architektur – Türme – Mauern – Fenster – Portal. Wie öffnet es sich? Vorhof – Hof – Eingang in den Palast – Eingangshalle – Treppenhaus –

Saal – Erker – Geheimtür – Geheimnis des Schlosses. Alles wird lebendig und entzaubert.

- Ich lande auf einer einsamen Insel, ganz allein. Was sehe ich, was rieche, höre ich? Wovon lebe ich? Wo wohne ich? Wie kleide ich mich? Wie verlasse ich die Insel wieder?
- Wir fliegen auf einem Zauberteppich über eine morgenländische Stadt. Was beobachten wir? Leute, Kleidung, Architektur, Landschaft usw.
- Wir fliegen zum Mond. Wir beziehen unser Raumschiff. Wie sieht es aus? Was haben wir an? Was essen wir? Was tun wir, damit es uns nicht langweilig wird? Wir starten, fliegen durch einen Regenbogen, durch die Erdatmo-

sphäre und durch verschiedenes Wetter. Was sehen wir von der Erde? Wir verlassen die Erdatmosphäre. Was sehen wir nun? Sterne, Planeten, Milchstraßen. Der Mond nähert sich. Was sehen wir von ihm und der Erde? Wir landen auf dem Mond.

Leben als Tier

- Ich stelle mir vor, ich bin eine Stunde lang meine Katze, mein Hund, der Vogel des Nachbarn.
- Ich werde ein Schmetterling. Ich lebe als Raupe. Wie sehe ich aus? Wie bewege ich mich? Wie fühle ich mich jetzt? Ich schlüpfe aus und bin ein Schmetterling. Wie sehe ich jetzt aus? Ich fliege zu den schönsten Blüten.

- Mein Leben als Paradiesvogel. Wie sehe ich aus? Wo und wie ist mein Nest? Wen besuche ich? Über was fliege ich?

Assoziationen zu Farben

Farben erfinden

- Erfinden möglichst vieler Assoziationsnamen für Farben, z.B. „rot": purpurrot, signalrot, korallenrot, rostrot, blutrot, rubinrot, weinrot, scharlachrot, abendrot, ziegelrot, beerenrot, lachsrot, kupferrot, lavarot, feuerrot … Solche Namen auch für alle anderen Farben suchen.

Mit Farben umgehen

- Farbbilderbücher herstellen: Das blaue Buch …, Das rote Buch …, Das gelbe Buch … etc.
- Farbmuseen erfinden: verschiedene Farbpulver, Edelsteine, Stoffe etc.
- Farbtage veranstalten: z.B. „Der rote Tag": Alle tragen rote Kleider. „Rote" Geschichten erfinden. Es gibt rotes Essen. Rotes Licht in dunklem Raum. Rotmeditation.
- Phantasiereisen mit Farben ausdenken: In das Land des Himmelblaus reisen …
- Mit Farbkarten Farben suchen: In Baumärkten gibt es viele Farbkartenmuster, nach denen dort die Farben gemischt werden. Diese kann man sammeln und die darauf gedruckten Farbtöne in der Umgebung suchen.
- Mit Farben Stimmungen suchen: Vielleicht erinnern manche Farben auch an Träume, Lieblingsbücher, schöne Spaziergänge, Musikstücke und Begegnungen mit Menschen.
- Die eigenen Vorstellungen einer bestimmten Farbe in den hier eingezeichneten Rahmen projizieren:

Ich schenke dir ...

... das Blau des Himmels nach dem Gewitter.

... das Grün eines aufkeimenden Gedankens.

... das Rot einer Mohnblume im Getreidefeld.

... das Braun von Bergschafen im Winter.

... das Gelb-Braun herbstlicher Blätter, die wie Kandis glänzen.

... das Grau von Ringeltauben in der Morgendämmerung.

... das Blau des umbrischen Himmels.

... das Weiß einer klaren Winternacht.

... das Grün der Wiesen und Bäume von San Damiano
in der Mittagspause.

... das Blau des ersten Leberblümchens im braunen Laub
des vergangenen Winters.

... das erste Frühlingsgrün der Buchen.

... das Gelb der Winterlinge an einem hellen Frühlingstag.

... das goldene Braun der Buchenknospe in einem dunklen Tannenwald.

... ein Mausgrau, das man streicheln möchte.

... das Gold des Meeres am späten Nachmittag.

... das Rot der Heide im Spätsommer.

... das Rot des wilden Weins im Herbst.

... flachsfarbene Entenfedern in der Schneeschmelze.

... das saftige Grün irischer Wiesen.

... das Kuschelbraun eines Teddybären.

... das Blau der Türe eines griechischen Hauses.

Originalität

Es ist oft nicht einfach, sich selbst an-zunehmen. Man sähe gern anders aus, hätte gern andere Begabungen, eine andere Ausstrahlung, wäre gern anziehender, beredter oder gebildeter, hätte gern mehr von der Welt gesehen, vergleicht sich ständig mit anderen. Realität und Wunschbild liegen häufig weit auseinander. Muss das sein? Mache ich mir da nicht etwas vor, lähme ich nicht meine eigenen Möglichkeiten und vergesse dabei, dass ich unauswechselbar ich bin? In dieses Spiel kann ich nur mich einbringen, nichts sonst.

Natürlich bin ich oft mit mir unzufrieden, natürlich muss ich vieles ändern. Noch ist es ja nicht zu spät, um an sich zu feilen. Aber wenigstens ich muss doch zu mir halten, an meine Einmaligkeit glauben, auf dem Weg zu mir selbst. Kreative Menschen haben den Mut, sich selbst zu akzeptieren.

Dieser produktive Mut, sich selbst zu akzeptieren, spiegelt sich auf erfinderische und wohltuende Art und Weise in dem folgenden Gedicht (Nachahmung empfohlen!):

```
ICH

Ich stehe
manchmal
neben mir
und sage
freundlich
DU zu mir
und sag
DU bist
ein Exemplar
wie keines
jemals
vor dir war
DU bist
der Stern
der Sterne
Das hör ich
nämlich gerne
```

(JÜRGEN SPOHN) [12]

„Ichsein hängt von der Behauptung von Identität ab, ob sie dazu benutzt wird, den Kräften der Macht, der Kontrolle oder sogar denen der Langeweile die Stirn zu bieten. Deshalb ist es beinahe eine Notwendigkeit, sich Ordnung und Gleichförmigkeit zu widersetzen und dadurch die Grenzen der Persönlichkeit zu erweitern."

(DAVID WEEKS / JAMIE JAMES) [13]

- Besuch auf dem Markt,
  im Tierasyl, in Spielwarenladen,
  im Küchengeschäft …
- Ich kleide mich ein: Schuhe,
  Hosen, Hemden, Blusen, Jacke.
- Ich packe meine Koffer für eine
  kurze, für eine lange Reise.
- Fahrt im Zugabteil: Neue Passa-
  giere steigen ein. Ich möchte gern
  ein Gespräch anfangen.
- Ich veranstalte eine Straßensamm-
  lung für …
- Ich bin Reporterin / Reporter und
  mache mit jemandem ein Interview.
- Ich gründe eine Partei für …
  Eine Gegenpartei wird gegründet.
  Es werden Strategien entwickelt,
  öffentliche Auftritte, Hausbesu-
  che, Podiumsdiskussionen veranstaltet. Medienarbeit. Wand-
  zeitungen etc.

Spiele und Übungen zur Förderung der Originalität

Bewegungen nachmachen

- Sich auf viele Arten fortbewegen:
  gehen, schleichen, hüpfen, krie-
  chen, schlurfen, hinken, tänzeln,
  huschen, springen, trampeln, auf
  einem Bein hüpfen, schlängeln,
  krabbeln, robben, wanken, blind
  gehen, sich bewegen wie jemand,
  dem schwindelig ist, rückwärts
  oder seitwärts gehen, laufen oder
  tanzen …
- Sich wie ein anderer Mensch
  bewegen: wie eine Frau, wie ein
  Mann, wie ein Kind, müde, alt,
  gebrechlich, ungestüm, nervös,
  ängstlich, hoffnungslos, traurig …
- Etwas tragen: eine Gießkanne,
  Kaffeekanne, Glasscheibe, Kiste,
  ein Tablett mit Gläsern, einen
  Rucksack, ein Kind, einen Ver-
  letzten, einen jungen Vogel, einen
  Schmetterling …

- Jemanden führen: ein kleines
  Kind bei den ersten Gehversu-
  chen, jemanden, dem schwindelig
  ist, eine sehr alte Person, jemanden, der blind ist …

Gefühle ausdrücken ohne Worte

- Mich stört, dass jemand raucht.
- Ein Brief wird abgegeben. Sehr
  erfreulicher, ernster, besorgnis-
  erregender Inhalt.

Ich gehe in eine Buchhandlung.
Das gewünschte Buch ist nicht
vorrätig/vergriffen. Ich bin
enttäuscht.

Überlegungen für Kursleiter

Kinder fördern

- Gemeinsame Überlegungen,
wie die Atmosphäre sein müsste, damit man Selbstvertrauen
entwickeln kann: Zeit, Geduld,
Toleranz und Humor haben,
sich gegenseitig helfen und ernst
nehmen, sich nichts vormachen,
niemanden bloßstellen, nicht zu
neugierig sein, wenn es nicht
passt …
- Ich erzähle den Kindern und
Jugendlichen eigene Erlebnisse,
aufregende Geschichten und
Angstsituationen.
- Ich helfe den Kindern, erfolgreich
zu sein: Worin bestehen ihre

Stärken? Wo sind sie unsicher?
Wo kann ich sie positiv ver- und
bestärken? Wo können sie ihre
Fähigkeiten in der Gruppe unter
Beweis stellen?
- Überlegungen, wo ich für die Kinder und Jugendlichen anregend,
hilfreich, unterstützend, tröstend
oder langweilig war.
- Überlegungen, welche Chancen
jedes der Kinder heute hatte, wie
sie sich heute wohlgefühlt haben
und wie sie den Tag bewerten
konnten.
- Überlegungen, ob ich heute die
Kinder und Jugendlichen nur
beschäftigt oder ob ich ihnen
Zugänge eröffnet habe zu anderen
Menschen, zur Natur, zu Dingen,
zu Zusammenhängen und ob ich
ihnen geholfen habe, in schwieri-
gen Situationen zu bestehen.
- Mache ich mit den Kindern und
Jugendlichen Spiele, durch die
sie lernen, sich gegenseitig wahr-

zunehmen, z. B.: sich begrüßen,
führen, Blickkontakte pflegen,
sich mit den Fingerspitzen oder
Handflächen berühren und
ohne Druck führen etc.?
- Gibt es Spielsituationen, in denen
das Gefühl anderer manifest
werden kann? (Eine Neue kommt
und fühlt sich schlecht, jemand
spricht noch nicht sehr gut
deutsch, aber türkisch, griechisch,
japanisch, portugiesisch usw.).
- Habe ich heute allein alle Vorgänge bestimmt, geleitet und
gelenkt oder hatten die Kinder
und Jugendlichen Entscheidungs-
freiheit? Wo konnten sie selbst-
ständig sein?
- Wo konnten sie Vertrauen in
sich, untereinander, in mich entwickeln?
- Hatten Phantasie und Kreativität
der Kinder und Jugendlichen eine
Chance? Wo konnten sie Probleme erkennen und lösen?

- Hatten die Kinder und Jugendlichen heute die Möglichkeit, ihre Einmaligkeit, ihre Bedeutung, ihr Selbst zu spüren? Wann und wo konnten sie sich selbst mögen, sich freuen über sich und auf sich stolz sein?
- Wie habe ich mich verhalten, als eines meiner Kinder so richtig wütend, traurig, verzweifelt war? Bekam das Kind außer meinem Verständnis auch Zeit, sich zu erholen, und Schutz vor dem Unverständnis und dem Spott der anderen?
- Wann und wo haben die Kinder und Jugendlichen heute Mut gefasst und bewiesen? Habe ich das ausgesprochen? Habe ich Ängste abgebaut?

Eigenes Verhalten überdenken
- Habe ich den Kindern und Jugendlichen gesagt, dass ich sie wirklich mag, und es sie spüren lassen? Wissen sie, dass sie ein Teil von mir sind, und dass sie mit meiner Zuneigung rechnen können?
- Lasse ich mich anstecken durch den Leistungszwang ehrgeiziger Eltern, rivalisierender und manchmal eifersüchtiger Kolleginnen und Kollegen? Wie federe und fange ich das ab?
- Habe ich mir alle möglichen Gründe klargemacht für ein spezielles Verhalten eines Kindes oder Jugendlichen (Verweigerung, plötzliches Weinen, Jähzorn, Depression, Lügen, Diebstahl)?

- Wie habe ich mich verhalten, als es zu Machtkämpfen kam? Was waren die Gründe? Haben die Kinder und Jugendlichen diese eingesehen? Ist ein Handlungsfeld daraus entstanden?
- Was mache ich mit Außenseitern? Wie werden sie wieder integriert? Wie baue ich ihr Selbstwertgefühl wieder auf?
- Wie werde ich mit Aggressionen in der Gruppe fertig? Mit den Tyrannen, den Leadern, den Gruppen- und Bandenchefs?
- Drehe ich manchmal die Rollen um? Auch die von Erwachsenen und Kindern?
- Ich bin gut/schlecht gelaunt. Wie nehmen das die anderen wahr und auf?

Vorstellungskraft

Nichts muss so sein, wie es ist. Alles könnte auch ganz anders sein. Man muss Denkgewohnheiten aufgeben können, Dinge, Situationen, Ziele, Aufgaben einmal anders als gewohnt interpretieren und formulieren, anders sehen und benutzen, die Welt sozusagen ein wenig auf den Kopf stellen. Man nennt das „neu definieren".

Aber – wie schwer ist es, ein Denkschema aufzugeben oder zu verlassen. Und doch sind eben alle Erfindungen so gemacht worden, dass jemand sagte: Das muss auch anders gehen!

Was „umdenken" heißt, lässt sich bildnerisch gut mit dem achsensymmetrischen Zeichnen üben. Am eindrucksvollsten ist das, wenn man mit den Fingern in den feinen Sand einer Sandwanne[14] oder auf einem mit Quarzsand gefüllten Tablett zeichnet.

Vorher wird farbiges Tonpapier unter den Glasboden der Sandwanne gelegt, und zwar in zwei Farben (rot/grün, blau/orange oder gelb/violett). Dabei stoßen die beiden Farbpapiere genau in der Mitte aneinander. Nun kann man auf der linken Seite der Sandwanne eine frei erfundene Form bzw. eine Linie zeichnen. Diese Zeichnung erscheint in der Farbe des Papieruntergrunds. Als Nächstes soll diese Form spiegelbildlich auf der rechten Seite gezeichnet werden. Diese Zeichnung erscheint nun in der Komplementärfarbe zur Farbe auf der linken Seite.

Dabei wird ein Prinzip unserer Farbwahrnehmung stimuliert. Komplementärfarben empfinden wir im Farbkontrast sehr intensiv und leuchtend. Dieser Kontrast ist eine Steigerung unserer Farbwahrnehmung.

Künstler benutzen in ihren Bildern oft diese Farbkontraste. Sogar physiologisch wirken die Komplementärfarben in unserer Wahrnehmung, indem wir die entsprechende komplementäre Farbe als Nachbild zu einer ersten Farbe „sehen".

Wenn wir solche Gestaltungsaufgaben oft machen, regt das unsere Phantasie, Konzentration und Vorstellungskraft an. Wir können uns alles anders vorstellen, nicht nur bei Zeichenübungen!

Beidhändig ausgeführt, haben diese Übungen eine entspannende Wirkung. Mit den Fingern im Sand zeichnet es sich besonders gut, weil die vielen Nervenpunkte in unseren Händen durch diese taktile Art zu zeichnen stimuliert werden. Außerdem ist jeder Nervenpunkt über Nervenfasern mit dem Gehirn verbunden. Durch die haptisch-taktilen Zeichenspiele werden Synapsen im Gehirn gebildet und angeregt. Eine angenehme und sehr wirkungsvolle Art zu lernen! Moderne Neurophysiologen können das nur bestätigen.

Spiele und Übungen zur Förderung der Vorstellungskraft

Alternativen überlegen

- Was kann man mit einer Zeitung alles machen, außer sie zu lesen? Vorschläge sammeln und ausführen.
- Auf dem Tisch liegen zehn Ziegelsteine. Was kann daraus werden?
- Wir überlegen uns Alternativen für das Auto.
- Was können wir im Schnee, mit Schnee, mit Eis … alles machen?
- Was kann man mit Makkaroni alles tun, außer sie zu kochen und zu essen?

Piktogramme erfinden

- Zeichen für einen Maibaum erfinden (für die wichtigsten Bauwerke, Handwerks- und Industriebetriebe, Schulen, Krankenhäuser des Ortes etc.).
- Piktogramme überlegen für Töpferei, Schreinerei, Metzgerei, Bäckerei, Schneiderei, Schlosserei, Autowerkstatt, für Elektriker,

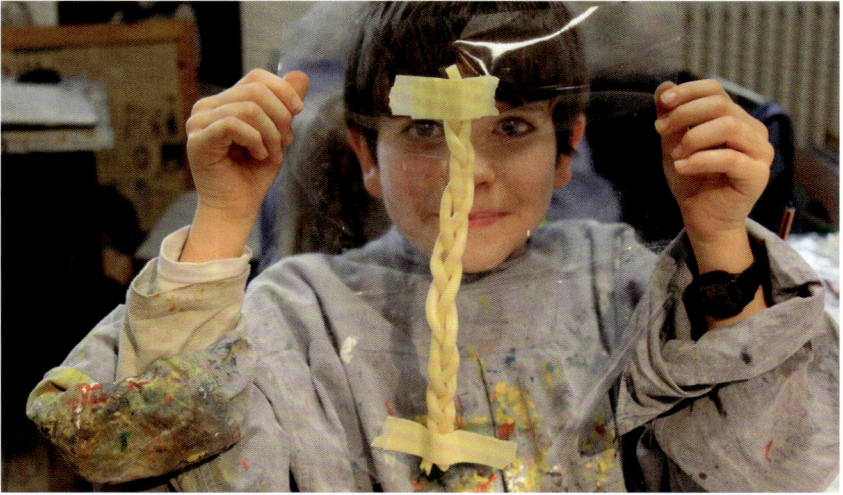

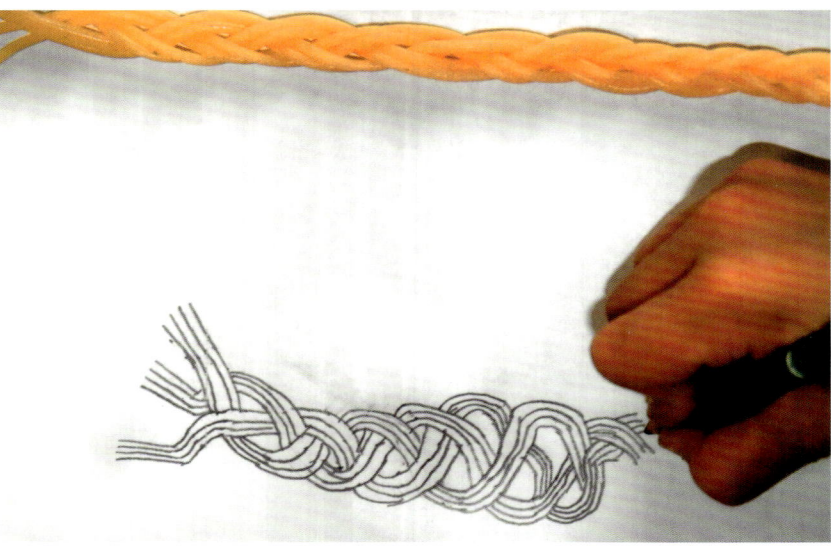

Maurer, Bauer, Wirt, Lehrer, Architekt, Hirte, Polizist, Arzt, Priester, Lehrer, für Phantasie und geistige Arbeit.

Collagen erstellen

- Buchstabencollage: Aus Zeitungen und Illustrierten werden Buchstaben ausgeschnitten und zu Texten zusammengesetzt.
- Collage aus ausgeschnittenen Farbflächen und Strukturen (Themen: Landschaften, Wetterbilder, Dschungel, am Nordpol, unter Wasser usw.).
- Collagen aus ausgeschnittenen Figuren und Gesichtern, die in neue Zusammenhänge gebracht werden.

Objekte gestalten

- Nonsens-Objekte, z.B. eine Gabel mit einem Zinken, aber zwei Griffen, usw.
- Neue Figuren gestalten aus ursprünglich anders verwendetem Material: Schrottplastiken, Plastiken aus Kunststoffabfällen, Figuren aus Holzabfällen.

Sammlungen anlegen

- Anlegen von Sammlungen und kleinen Museen, z.B. Museum kleiner Schnecken und Muscheln, Knopfmuseum, Sammlung von Schwemmhölzern, verrosteter Objekte, bizarrer Wurzeln etc.
- Herbarien: Aus gepressten Pflanzen können z.B. Landschaften geklebt und gestaltet werden.

Vertrautes verändern

- Was könnte man verbessern an einem Telefon, einem Küchen-schrank, einem Fahrrad, einem Arbeitstisch, einer Schultasche, einer Fototasche, einer Wind-jacke?
- Mein Zimmer soll anders werden: Die Möbel werden anders gestellt, andere Bilder aufgehängt, andere Farben eingesetzt, andere …
- Die Wohnung wird für den Faschingsball umgestaltet (Dreigroschenoper-Atmosphäre, Spelunke, Piratenboot, Ritter-burg, Disco etc.).

Albert Einstein fand die Lösungen sei-ner komplexen Fragen häufig mithilfe der Phantasie. Er stellte sich unge-wöhnliche Fragen, wie z. B. die Frage, wie es wohl wäre, auf einem Licht-strahl zu verreisen. Auch aufgrund solcher Gedankenexperimente formu-lierte er seine Relativitätstheorie.

„Phantasie ist wichtiger als Wissen."
(ALBERT EINSTEIN)

Kreatives Spielen mit Sprache

Wörter und Sprache erfinden

- Erfinden einer neuen Sprache:
  Wie sie sich wohl anhört?

- Wie viele völlig neue Farbnamen finden
  wir für einen Farbton?

Was-wäre-wenn-Geschichten ausdenken:
Was wäre, wenn ...

... wir wie die Vögel fliegen könnten?

... wir unter der Erde, unter Wasser,
in der Luft leben müssten?

... es plötzlich kein Geld mehr gäbe?

... es keinen elektrischen Strom mehr gäbe?

... zwei Jahre lang die Sonne nicht schiene?

... das Wasser und die Luft vergiftet wären?

... ein Teil der Lebensmittel atomar verstrahlt wäre?

... es einen Tunnel quer durch die Erde von
Europa nach China gäbe?

... wir uns mit den Katzen in ihrer Sprache
verständigen könnten?

... wir nichts mehr lernen müssten, weil wir
alles wüssten?

... es plötzlich keinerlei Papier mehr gäbe?

... das Wasser knapp würde?

... wir ein Doppelleben führten?

... wir unsichtbar wären?

... an den Wänden meiner Wohnung lauter weiße
Leinwände hingen?

... wir auf der Suche nach einer geheimen
Symbolsprache wären?

Mit Gedichten umgehen

- Gedichte schreiben: Hier kann
  man sich wunderbar von Gedichten anderer Leute anregen lassen,
  beispielsweise von dem folgenden
  schönen Text über das „O" von
  Jürgen Spohn. Wie könnten wohl
  Gedichte lauten über die Vokale
  A, E, I, O, U, über die Doppel-
  laute AU, EU, UI, OI, EI, über die
  Umlaute Ä und Ö und Ü oder
  über IA, IO, IE, IU?

O

Das O
ist rund
und deshalb
rollt es
aus dem Mund
Ach wo
Doch doch
und innen drin
da ist ein Loch
So so
ist außen glatt
so wie
ein Po
das O

(JÜRGEN SPOHN)[15]

66

- Gedichte weiterdichten: z.B. als weitere Strophe zum folgenden zweiten Text von Jürgen Spohn. Los geht's: Der Mensch ist ein …

SCHON MAL

Der Mensch ist ein
besondres Wesen
kann denken, rechnen
schreiben, lesen
kann sich und andren
Ärger machen
und früher –
konnte er auch lachen …

(JÜRGEN SPOHN) [16]

- Die Kinder in der Kunstschule Rose Maier Haid in Friedberg lernen an jedem Kursnachmittag ein Gedicht und setzen dieses auch pantomimisch um, z.B.:

Zarter Hauch
Kopf im Bauch
Bauch und Fuß
Zeh zum Gruß

(ROSE MAIER HAID) [17]

Spontaneität

Kreative Menschen können plötzlich einer inneren Eingebung folgen, sie sind unmittelbar, reagieren und agieren freiwillig, schnell und spontan. Sie strahlen dadurch viel Freiheit aus, weil sie ihrem eigenen Willen folgen können, von selbst und aus sich selbst. Sie sind sehr ursprüngliche Menschen. Ihre Spontaneität zeigt sich in Beziehungen und Interaktionen von Personen untereinander sowie zwischen Personen und der Gesellschaft. Spontan zu sein kann man lernen. Bei einer entsprechenden Einstellung, die man ebenfalls trainieren kann, kann sogar die Angst als lähmender Faktor eingeschränkt oder zumindest vermindert werden.

Spiele und Übungen zur Förderung der Spontaneität

Achtung, Auftritt!
- Eine Rede halten zu einem vorgegebenen Thema (1 Minute).
- Eine Rede halten, die Stichworte kommen durch Zuruf.
- Ein Theaterstück nach gezogenen Rollenkarten spielen (z. B. Liebhaber, Gärtner, Butler, Verkäufer etc.).
- Eine ganz spontane Modenschau veranstalten (Vorbereitungszeit 5 Minuten).
- Musik machen mit diversen Küchengeräten.
- Ein Lied singen.
- Einen Text „vertonen", auch zweistimmig.

Phantasieprojekte entwickeln
- Phantasiehüte aus Papier basteln, vorführen und prämieren.
- Masken bauen und entsprechende Rollen und Bewegungsformen ausdenken.
- Geschenke für einen ungewöhnlichen Anlass entwickeln (50 Tage nicht geraucht oder getrunken, eine Woche gefastet, zum zehnten Mal gelobt …).

gänge nötig. Im ersten Fall werden konsequent-logische und folgerichtige Denkwege verfolgt. Auf diese Weise werden über Richtig-Falsch-Entscheidungen genaue und überprüfbare Ergebnisse erzielt (konvergentes Denken). Im Gegensatz dazu findet beim sogenannt lateralen oder divergenten Denken ein Denken in Feldern, in weitreichenden Verzweigungsräumen statt.

Hier entstehen kreative, emotionale, phantasiebetonte Lösungen. Die Analyse von Problemen und die kritische Sichtung von Ergebnissen, der Aufbau von Planungsstrategien und von Abfolgen für die Umsetzung sind meist konvergente, analytische Vorgänge. Die ganzheitliche Sicht, das Einpassen in große Zusammenhänge, das Finden adäquater Formulierungen und die Synthese entsprechen meist divergenten Denkabläufen.

Kreative Menschen haben beide beschriebenen Fähigkeiten, und sie benötigen auch beide.

Konzentration, Mut und Zivilcourage

Kreative Menschen haben eine hohe Konzentrationsfähigkeit. Wenn sie sich mit einer Sache beschäftigen, die sie sehr interessiert, sind sie ganz bei sich, haben zugleich aber auch einen großen Expansionsdrang bis hin zur Extrovertiertheit. Das bedeutet, dass sie das, was sie sich vorstellen, was sie sich ausgedacht oder was sie entwickelt haben, unbedingt auch zeigen wollen. Das setzt unter Umständen viel Selbstüberwindung und Mut voraus.

Kreative Leistungen und Produkte sind neuartig und oft unerwartet. Sie lösen bei anderen Menschen gelegentlich Befremden, Spott, Negation oder auch Aggressionen aus. Kreative Menschen scheint das aber nicht zu stören. Sie wollen sich äußern (ein deutliches Sprachbild: „Sie bringen es nach außen"), und sie haben auch den Mut dazu, können ihre Positionen dann mit aller Intensität und voller Leidenschaft vertreten. Mangelnde Resonanz kann sie nicht bremsen.

Analythische und synthetische Fähigkeiten

Kreative Menschen sind analytisch begabt, sie können gleichzeitig aber etwas auch vom Ganzen her verstehen.

Beim kreativen Prozess sind sowohl rationale wie auch laterale Denkvor-

Ausdauer

Es kann eine schöne Erfahrung sein, von seiner Aufgabe, einer Aufgabe förmlich besessen zu sein. Die Zeit vergeht wie im Flug, wir vergessen Essen und Trinken, werden nicht müde und schließen das Ganze zufrieden, vielleicht sogar glücklich ab. Die Motivation ist so groß, die Begeisterung so tragend, die Arbeit so interessant, dass wir alles um uns herum vergessen, Zeit und Raum spielen keine Rolle mehr.

Wer wüsste aber nicht, dass es manchmal auch ganz anders läuft: Mit frischem Mut sind wir an eine Arbeit herangegangen. Aber irgendwie zieht und zieht sich alles, wir verlieren die Lust, möchten eigentlich aufhören, es wird zur Quälerei, wir müssen aber …

Es sieht so aus, als ob kreative Menschen mehr als andere mit diesen Tatsachen zurechtkämen. Kreative Menschen können eine Sache zu Ende führen, auch wenn es manchmal schwerfällt. Nicht immer trägt die Aufgabe selbst. Sind kreative Menschen aber einmal auf der Fährte, bleiben sie auch darauf. Zur Kreativität gehören eben immer auch Hartnäckigkeit, Ausdauer und eine große Portion Disziplin.

Konflikttoleranz

Kreative Menschen beobachten ihre Umgebung aufmerksam und kritisch, denn sie haben das Bedürfnis, Dinge zu verändern und umzugestalten. Sie betrachten nicht jede Gegebenheit als endgültig, sondern halten durchaus auch andere Lösungen für vorstellbar. Dieses Verhalten ist nur möglich bei einem bestimmten Maß an innerer Freiheit, das dadurch zustande kommt, dass man Konflikten gegenüber tolerant sein kann, auch wenn sie nicht sofort lösbar sind.

„Wirkliche Harmonie
ist nicht menschenlos.
Spannungsreduktion ist
nur ein vorübergehender
Prozess"[18],

Da man beim kreativen Prozess nicht einfach auf bekannte Wege, Verfahren, Methoden oder Techniken zurückgreifen kann, ist es wichtig, das Ziel konsequent zu verfolgen. Dabei gibt es verschiedene Strategien, Schwierigkeiten bewusst zu lösen.

So treibt die Praxis natürlich auch den kreativen Menschen immer wieder durch den Dschungel von Versuch und Irrtum. Sackgassen und Nebenwege werden erlebt und fortan vermieden. Das geht aber nur über Ausprobieren und Experimentieren, über das Sammeln und Auswerten von Erfahrungen. Und mitten in diesem Prozess kommt es dann vielleicht auf einmal zu neuen Einsichten, zu einer plötzlichen Reorganisation der Herangehensweise an das Problem, was ein neues Verständnis und damit neue Lösungen ermöglicht. Wichtig ist, dass bei der Lösungssuche die ein-

zelnen Lösungsdetails immer Schritt für Schritt entwickelt und aufeinander aufgebaut werden, damit man auf diese Weise allmählich zu einem Lösungsweg findet. Dazu muss man jedoch das Ziel im Auge behalten. So führt ein Ergebnis zum nächsten, bis man schließlich doch auf dem Gipfel steht, das Ziel erreicht hat. Das kann ein dynamischer, lustvoller Weg sein, er kann aber auch voller Hindernisse und Dornen stecken – der kreative Mensch führt die Sache zu Ende.

schreibt Heinz-Rolf Lückert in seiner „Konfliktpsychologie".

Jeder Mensch ist von Konflikten umgeben, lebt in ihnen und ist in sie verstrickt. Sie mögen ihre Ursache im eigenen Individuum haben, in der soziokulturellen Umwelt oder auch in der natürlichen Umwelt. Lückert zählt in seinem Buch Konfliktpotenzial im Hinblick auf Erfüllung in der Innen-, Außen-, Mit- und Wertwelt auf. Dabei benennt er viele Felder, auf denen Konflikte entstehen können. In der Mitwelt können das z. B. die folgenden sein: Geselligkeit, Kontakt, Mitteilung, Anlehnung, Anerkennung, Beifall, Geltung, Anpassung, Verehrung und Liebe, Rechtsschutz, Selbstständigkeit, Unabhängigkeit, Absonderung, Distanz, Domination, Überlegenheit, Erfolg, Vergeltung und Opposition, Widerspruch, Kritik, Unterwürfigkeit, Fürsorge.

Unschwer könnte man aufgrund eigener Erfahrung und Beobachtung Konfliktsituationen benennen und beschreiben, die zu diesen Feldern Bezug haben. Natürlich gibt es temporär oder absolut unlösbare Konflikte. Sie belasten uns, schränken unser Denken und unsere Entscheidungen ein und nehmen uns den Atem. Andere sind lösbar, wenn wir sie genau analysieren und Lösungsstrategien entwickeln. Die Frage ist, wie groß unsere Konflikttoleranz ist.

Kreative Menschen haben in der Regel eine niedrige Schmerzgrenze. Daher müssen sie lernen, Konfliktlösungen oder Überlebensstrategien zu entwickeln, um ihre innere Freiheit zurückzugewinnen oder zu bewahren, die Phantasie und das Spiel mit geistigen Hypothesen brauchen. Kreative Menschen versuchen, auf diese Weise mit Konflikten, die sie nicht lösen können, zu leben.

„Es gibt kein Leben ohne Leiden.
Es gibt kein Leben, das nicht
schon von Geburt an die ganze
Schwere der erblichen Belastung
in sich trüge, das nicht in der
Kindheit schon seelische Er-
schütterungen erlebte, das nicht
täglich unter Unrecht, Wider-
wärtigkeiten, Beleidigungen und
Enttäuschungen litte. Und zu all
diesen Kümmernissen kommen noch
die Gebrechen, die materiellen
Nöte, die Todesfälle, das Alter, die Sorgen derer, die man
lieb hat, und die Unglücksfälle
hinzu. Im Leben des Bevorzugtes-
ten bleibt irgendetwas Schweres
bestehen. Ich denke da an eine
Äußerung meines Sohnes: ‚Es geht
einem immer gut, bis auf irgendetwas.'"

(PAUL TOURNIER) [19]

Konflikte bedeuten aber auch eine
Chance für jeden Menschen. Man
stellt wieder Sinnfragen, die in nicht
alltägliche Tiefen führen. Man wird
mit Sicherheit reifer, und Konflikte
bergen auch die Chance der Freiheit.

„Ich hab ein Buch
in meinem Kopf
drin – da sind
keine Buchstaben,
sondern alles, was
ich schon erlebt
habe. Und wenn
eine böse Seite
kommt, blättere
ich einfach um."

(LISA, 5 Jahre)

Gelassenheit und Humor

Anscheinend sind kreative Menschen
mehr als andere in der Lage, ein
Quäntchen Gelassenheit zu bewahren,
auch wenn es noch so dick kommt.
Es ist eine Gabe, trotz aller Unvoll-
kommenheit des Menschen, trotz aller Unzulänglichkeit der Welt und der
Gesellschaft, lächeln zu können. Die
Schwierigkeiten des Alltags, die Beziehungen, die Fehlschläge und Fehler,
die Verluste mit etwas Abstand, sozusagen von morgen her, zu betrachten
und damit unernst genug zu nehmen,
ist nicht leicht. Der berühmte unver-
wüstliche Humor kann über viele
Dinge hinweg helfen.

Woher aber die Kraft nehmen,
nicht zu verzweifeln und zu verzagen?
Es ist sicher ein unversehrtes Selbst,
das dieser Kraft zugrunde liegt, eine
nicht zu erschütternde Zuneigung und
Liebe zum Menschen und eine – so-
weit das möglich ist – Furchtlosigkeit
seinem Schicksal und seiner Endlich-

keit gegenüber – zumindest aber eine Ergebenheit.

Nur ein grundsätzliches Ja zum Leben lässt uns die Erkenntnis von Wilhelm Busch aus Überzeugung annehmen: „Humor ist, wenn man trotz-dem lacht!" Und kreative Menschen lachen gern, sie genießen gern, sie lieben den Spaß, auch wenn sie – oder vielleicht auch weil sie – oft auf der „anderen" Seite sind.

> „Wenn du nichts mehr zu lachen finden kannst, hast du immer noch dich selbst."
>
> (PATRICK KELLY, Bischof von Liverpool)

Erfolgreiche Erfinder haben diese Fähigkeiten
Ein Gespräch zwischen Johannes Kirschenmann und dem Erfinder Artur Fischer

Ein Erfinder, der erfolgreich sein möchte, muss alle Fähigkeiten haben, die einen kreativen Menschen ausmachen. Ein Interview zwischen Prof. Dr. Johannes Kirschenmann, Lehrstuhlinhaber an der Akademie der Bildenden Künste, München, und dem Gründer der Fischer-Werke, Artur Fischer, der 2009 im Alter von 90 Jahren den Deutschen Gründerpreis erhielt, macht dies deutlich. Der „erfindungsreiche" kreative Firmengründer hat fast 1 200 Erfindungen und Patente angemeldet und wurde nicht nur mit dem von ihm entworfenen Fischer-Dübel und dem Fischertechnik-Baukasten, sondern auch mit einem ess- und kompostierbaren Kinderspielzeug aus Kartoffelstärke erfolgreich. In dem Interview gibt Artur Fischer Auskunft, wie er zu seinen vielen Patenten kam und wo er Verbindungen zwischen Kunst und Technik sieht:

„Ich brauche Mut zur Neugier; auch wenn ich male – jedes Mal beim Malen brauche ich Mut, Mut zum Risiko. Das Risiko verbindet sich mit Disziplin. Und ich brauche Begeisterung – ohne Begeisterung geht nichts. Nur die Begeisterung hilft über die plötzliche Enttäuschung hinweg, doch einen Teilschritt verwerfen zu müssen.
Die wichtigste Frage ist die nach dem Dienen gegenüber meinem Partner: Für wen mache ich was, wem dient das, für was kann er das gebrauchen? Erst im Modell konkretisieren sich die Ideen der Erfindung, werden die Hürden sichtbar, wird die Tauglichkeit erstmals geprüft.

Die schlechteste Motivation für Kreativität beim Erfinden ist das Ziel, rasch fertig zu werden, rasch Geld verdienen zu wollen. Ich habe noch nie gearbeitet, nur um Geld zu verdienen, sondern um Aufgaben zu lösen. Ich muss einen Nutzen erbringen und mich fragen: Was verbessert z.B. die Arbeit des Handwerkers? Ich muss mich in ihn hineindenken, arbeiten wie er, damit ich von seinen Problemen erfahre. Er wird mir nie sagen: Das und das brauche ich so und so. In Gesprächen mit Anwendern kommen Gedanken zur Lösung; ich arbeite nicht nach einer antrainierten Art und Weise, ich erprobe, diskutiere mit anderen, verwerfe und suche weiter. Meine Umgebung, meine angestellten Entwickler, beziehe ich ein, es wäre dumm, auf deren Vorschläge zu verzichten (...) Zwischen dem Erfinder und dem Künstler gibt es Gemeinsamkeiten; die Präzision der Arbeit ist bei beiden dieselbe. Beide brauchen Leidenschaft zum Erfolg! (...)

Ich habe mir ein Refugium bewahrt, eine Werkstatt mit Schraubstock und Werkzeugen, wie früher. Dort hängen an der Wand auch Bilder, die ich selbst gemalt habe, und die prüfe ich immer wieder und verändere sie auch.
Meine Werkstatt ist meine Spielheimat, dort bin ich alleine, und dort herrscht das Fluidum:
Hier ist schon etwas entstanden. In dieser Werkstatt war und bin ich alleine und kann Ideen, kleinste Schritte an der Drehbank gleich umsetzen. Und ich kann Fehler korrigieren. Bei aller Intuition und Erfahrung muss ich den Gedanken, die Idee blitzschnell erfassen und zielstrebig verfolgen, von der ich weiß und glaube, dass sie die richtige ist: Glauben und Wissen fallen hier zusammen.
Wenn es mal hakte und nicht weiter ging, blieb ich dran. Es ist ein Unterschied, ob ich sage:
Es geht nicht oder ob ich sage: So geht es nicht.

Im Prozess des Erfindens ist es wichtig, dass ich an einer ersten Lösung weiterarbeite, sie optimiere. ich kann nicht sagen: Jetzt erfinde ich etwas. Ich muss davon ausgehen, eine gegebene Situation zu verbessern. Ich kann den Markt nicht mit Hypothesen befragen; ich muss konkret etwas anbieten, dann bekomme ich ein Echo.

Der Stifterpreis für Erfindungen, den ich zusammen mit dem Land Baden-Württemberg ausgelobt habe, möchte „von unten anfangen". Die Schüler möchten und müssen wir gewinnen, wenn wir den Erfindergeist fördern wollen. Mit einer völlig ungezwungenen Fantasie kommen die Schüler zu hervorragenden Ergebnissen. Diese Fantasie geht nicht vom Wissen oder handwerklichen Können aus. Die Sieger werden dann auch eingeladen, um im Gespräch den Fortgang der Erfindung zu besprechen; es soll ja etwas damit passieren, wir wollen ihnen zum Erfolg verhelfen.
Es ist eine Freude, diesen jungen Leuten deutlich zu machen, sie haben etwas Neues geschaffen, sie haben etwas erfunden. Die Ergebnisse vermag ich nicht hierarchisch zu bewerten: Die Kinder arbeiten mit vollem Einsatz und großem Eifer, das sind dann ganz individuelle Wege, jeder strengt sich an. Ich zerstöre Motivation, wenn ich mit Wertmaßstäben komme – Kinder sind auf ihrem speziellen Gebiet alle kreativ.

Meine Mutter hat mich stets für kindliche Erfindungen oder Basteleien gelobt, und sie hat mich gefragt, warum ich etwas wie gelöst habe.
Ermutigung ist ganz wichtig, auch absurde Vorstellungen dürfen nicht zerstört werden."

(ARTUR FISCHER)[20]

4. Gute Ideen können organisiert werden – Kreative Techniken

Wir kennen verschiedene Denk- und Handlungsstrategien, die Kreativität fördern. Sie müssten eigentlich zur Grundausrüstung eines jeden Schülers und aller Lehrer gehören, wie Computer, Füllfederhalter und Papier: das Aufzählen von Eigenschaften, der morphologische Kasten, die Brainstorming-Techniken von Alex F. Osborn, die Checklisten etc. Sie führen in kürzester Zeit zu neuen Lösungen und trainieren das Miteinanderdenken und -handeln. Hier seien ein paar der erwähnten Techniken kurz aufgeführt:

Das Aufzählen von Eigenschaften

Diese Methode wurde von Robert P. Crawford 1954 entwickelt und von Gary A. Davis, Mary E. Manske und Alice J. Train 1967 verbessert. Dabei werden möglichst viele Attribute eines

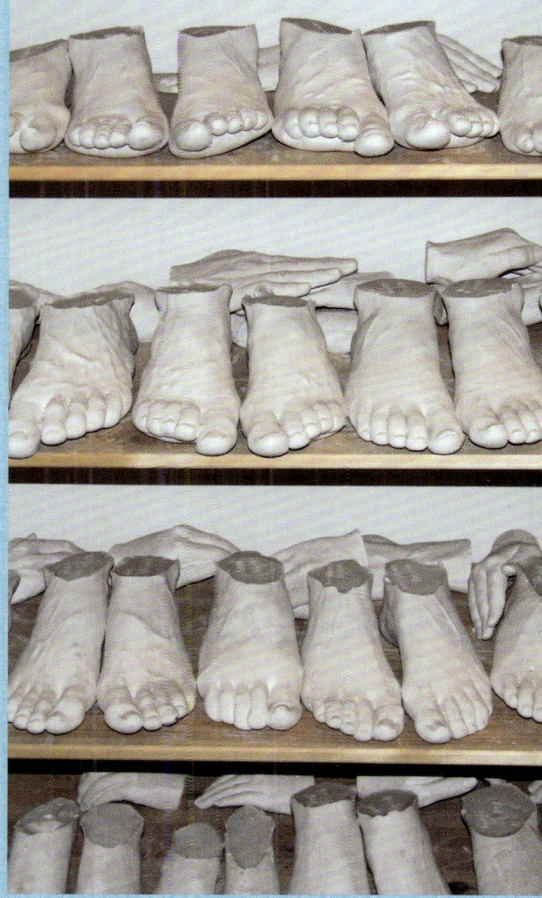

Merkmale und Eigenschaften von Katzen

- **Farben:** schwarz, weiß, braun, grau, getigert oder gefleckt ...

- **Besondere Kennzeichen:** weißer Fleck auf der Brust ...

- **Größe:** klein, sehr groß...

- **Haarlänge:** sehr kurz, buschig, Schwanz mit langen Haaren ...

- **Körperform:** kleiner runder Kopf, spitze Ohren, langer Rücken, langer Schwanz, Schnurrhaare ...

- **Verhalten:** können sich strecken, auf den Hinterfüßen aufrichten, sich zusammenrollen, sehr weit springen, klettern, lange warten, mit der Schwanz- spitze zucken ...

- **Ernährung:** Katzenmilch, Katzenfutter, auch Mäuse und Vögel ...

- **Wohnung:** im Katzenkorb, in Kleiderschränken, Schubladen, auf Bäumen ...

- **Namen** und **Aussehen**, **Verhalten** und **Gewohnheiten** der Katzen

- **Erlebnisse** mit Katzen

usw.

Produkts, eines Problems, einer Situation (Größe, Gestalt, Farbe, Material; Milieu, Charakter etc.) aufgezählt. Dadurch wird einerseits die Basis der Problemstellung außerordentlich erweitert, andererseits werden durch diese Stoffsammlung Bereiche angesprochen, die sonst gar nicht bedacht worden wären. Mit jedem aufgezählten Attribut wird im Vorbewussten eine Assoziationskette provoziert, die schließlich einen sehr transparenten Hintergrund für die Problemlösung ergibt. Die Geläufigkeit (fluency), d.h. die Fähigkeit, sich in Ideen, Worten, Assoziationen usw. geläufig zu erinnern, wird durch diese Methode gefördert.

Wenn man z.B. im Unterricht vor der Bearbeitung eines Themas derartige Listen erstellt, werden die Ergebnisse der Überlegungen wesentlich differenzierter und vielseitiger. Schließlich wird durch diese „Anwärmmethode" die abstrakte Begriffsbildung wieder ins Anschauliche zurückgeführt. Dadurch werden breite Assoziationsfelder „flüssig", und die Inkubationsphase (= Suchphase) kann viel leichter, spielerischer verlaufen.[21]

Die Kinder wollen Katzen zeichnen, wissen aber nicht genau, wie diese aussehen und wie sie vorgehen sollen. Also beginnen wir mit einer Aufzählung (siehe Zettel links). Wie könnte ein Bild aussehen, auf dem möglichst viele der aufgeführten Eigenschaften deutlich werden?

Der morphologische Kasten

Mithilfe des von Fritz Zwicky entwickelten morphologischen Kastens ist es möglich, ausgedehnte Experimentierfelder aufzubauen und zu organisieren. Zur Erstellung eines solchen Kastens muss zunächst das Problem analysiert und in Faktorengruppen zerlegt werden. Diese Faktorengruppen werden dann noch mal differenzierter strukturiert. Schließlich wird jeder Faktor mit jedem kombiniert. Man wiederholt hier ganz mechanisch, was sich während der Inkubationsphase im Vor- (oder Un-?) Bewussten ereignet. Durch diese Kombination aller Faktoren ergibt sich eine Fülle von Möglichkeiten. [22]

Ein Beispiel:

Es soll experimentiert werden im Bereich des Problems „feuchtes Papier und Farbe". Die Analyse des Problems ergibt vier Faktorengruppen:
1. Art des verwendeten Papiers
2. Konsistenz der Farbe
3. Feuchtigkeitsgrad des Papiers
4. Auftrag der Farbe

Die Feinstrukturierung der Faktorengruppen ergäbe lange Listen. Es seien nur einige aufgezählt:

1. Art des verwendeten Papiers:
   Zeichenkarton, Aquarell-,
   Seiden-, Schreibmaschinen-,
   Japanpapier usw.

2. Konsistenz der Farbe:
   Aquarell-, Deck-, Acryl-, Finger-,
   Ölfarben.

3. Feuchtigkeitsgrad des Papiers:
   feucht, nass, teilweise feucht,
   teilweise nass.

4. Auftrag der Farbe:
   malen (mit dem Pinsel), spritzen,
   tropfen, laufen lassen, spachteln
   usw.

Nun wird der morphologische Kasten erstellt (siehe unten).

Mit diesem Kasten wird jetzt systematisch gearbeitet, indem jeweils ein Faktor einer Spalte mit dem einer anderen kombiniert wird. Insgesamt hängen immer vier Fakten zusammen:

Male mit Aquarellfarben auf feuchtes Schreibmaschinenpapier.

Male mit Deckfarben auf feuchtes Schreibmaschinenpapier.

Male mit Acrylfarben auf feuchtes Schreibmaschinenpapier.

Spritze mit Aquarellfarben auf feuchtes Schreibmaschinenpapier.

Spritze mit Deckfarben auf feuchtes Schreibmaschinenpapier.

Spritze mit Acrylfarben auf feuchtes Schreibmaschinenpapier etc.

Papier	Farbe	Feuchtigkeit	Auftrag
Schreib maschinen- papier	Aquarell farben	feucht	malen
Aquarell- papier	Deckfarben	nass	spritzen
Zeichen- karton	Acrylfarbe	teilweise nass	tropfen

Wenn bei diesem nur dreizeiligen morphologischen Kasten alle Kombinationen systematisch durchprobiert werden, ergeben sich schon 81 Experimentiermöglichkeiten!

Checklisten zum Einsatz im morphologischen Kasten

Stimme	Wirkungen	Bewegungen	Zeichnen	Malen	Drucken
schreien	sanft	organisch	punktieren	mit Pinsel	Materialdruck
flüstern	harmonisch	abgehackt	linear	mit Spachtel	Stoffdruck
summen	schrill	langsam	schraffieren	mit Schwamm	Linoldruck
lispeln	rhythmisch	schnell	konturieren	fließend	Stempeldruck
zischen	melodisch	hektisch	tönen	flächig	Gipsdruck
singen	traurig	tänzelnd	strukturieren	tropfend	Radierung
sprechen	lustig	hüpfend	verdichten	quetschen	Holzschnitt
räuspern	ernst	fließend	entspannen	schaben	Schnurdruck
husten	heiter	maniriert	reihen	wischen	Siebdruck
reden	erhaben	würdevoll	streuen	mischen	Monotypie

Ungewöhnliche Instrumente	Akustische Vorgänge	Spannung		Farbe
Flasche	fallen lassen	aktiv	– passiv	leuchtend – trüb
Kochtopf	reiben	frei	– gelenkt	hell – dunkel
Bürste	feilen	anschwellen	– abschwellend	deckend – transparent
Besen	hämmern	hoch	– nieder	gesättigt
Quirl	schütteln	stabil	– labil	warm – kalt
Wasserhahn	rollen	statisch	– dynamisch	komplementär
Gitter	reißen	...		simultan
Kochlöffel	brechen			sukzessiv
Löffel	pfeifen			verwandt
Gabeln	klatschen			subjektiv
				symbolisch.

Brainstorming

Alex F. Osborn entwickelte diese Denkmethode in den 1940er-Jahren. Sie ist weltberühmt geworden. Brainstorming („Gehirnsturm") gilt trotz einiger Kritik der psychologischen Forschung heute immer noch als die wohl effektivste kreative Denkmethode. Man kann sie als Solo-Brainstorming oder als Denkmethode in Gruppen einsetzen. Brainstorming baut auf einem assoziationstheoretischen Konzept auf. Durch Impulse von außen soll der Ideenfluss angeregt werden.

deshalb in zwei Stufen. In der ersten Stufe (Grünlichtstufe) wird Quantität angestrebt, in der zweiten (Rotlichtstufe) Qualität.

Grünlichtstufe

Am besten ist die Problemstellung schon einige Tage vor dem Brainstorming bekannt (Anwärmphase). Die Gruppe umfasst acht bis 15 Personen. Eine Gruppenstärke von acht Personen hat sich sehr bewährt, da sonst zu viel Zeit mit Zuhören-Müssen vergeht.

Zunächst werden zwei Protokollanten bestimmt. Es werden nur Stichpunkte aufgeschrieben. Aufgrund der Doppelbesetzung können sich die Protokollführer ebenfalls gut beteiligen.

Dauer des Brainstormings: 15 bis 20 Minuten. Erste Spielregel: Es darf nicht kritisiert oder diskutiert werden. Zweite Spielregel: Es soll utopisch gedacht werden. Durch diese beiden Spielregeln wird ein soziologisch schwereloses Feld organisiert, in dem Rollenzwänge weitgehend weg-

Ein Beispiel: Brainstorming in Gruppen

Beim Brainstorming in Gruppen wird versucht, eine Situation zu organisieren, in der kreatives Denken möglichst ungehemmt möglich ist. Osborn arbeitet dabei mit der „verzögerten Reaktion". Das Brainstorming zerfällt

Nr.	Projekt	Tätigkeit			Hilfsmittel			Wirkung	
		leicht	mittel	schwer	leicht	mittel	schwer	kurzfristig	langfristig

Beispiel-Fragen für
die Grünlichtstufe

- Wie können wir eine Schule der Phantasie gründen?
- Wie können wir Mitmenschen, Politiker, Sponsoren für unsere Idee begeistern?
- Wie können wir zu Geld kommen für unsere Aktion?
- Wie informieren wir die Presse?
- Wie finden wir Menschen mit ähnlichen Interessen?
- Welche Räume eignen sich?
- Wie sollten diese eingerichtet werden?
- Was soll in den Räumen geschehen?
- Welche Werkzeuge und Farben brauchen wir?
- Können wir auf bekannte Strukturen zurückgreifen?

fallen und Blamagen unmöglich sind. Im Gegenteil, man hofft, durch die ungewöhnlichen Ideen beim Gegenüber ebenfalls Innovationen hervorzuholen. Die praktische Erfahrung mit Brainstormings zeigt, wie schwer es für uns ist, unsere Reaktion aufzuschieben oder nicht sofort zweck- und realitätsbezogen zu denken.

Rotlichtstufe
Hier geht es in einer zweiten Phase darum, die Fülle von Ideen aus der Grünlichtstufe zu sortieren, zu analysieren und anschließend realisierbar zu machen.

Dazu benutzt man am besten ein Raster: nicht realisierbar – leicht/sofort zu realisieren – schwierig zu realisieren – mit Hilfsmitteln zu realisieren – mit erheblichen Kosten zu realisieren. Oder man bedient sich zur besseren Übersichtlichkeit einer Auflistung in Tabellenform (siehe links).

Beispiel-Fragen für
die Rotlichtstufe

- Ergebnisse auswerten
- Auswahl der besten und vor allem der möglichen Lösungen treffen
- Verlaufs- und Zeitplan aufstellen
- Wer ist wofür zuständig?
- Wann muss was geschehen?
- Wann startet die Aktion?

Checklisten

Checklisten sind nicht nur im Kunstunterricht, sondern auch in anderen Fächern vielseitig einsetzbar. Damit können sowohl bei künstlerischen wie auch bei naturwissenschaftlichen und technischen Problemen Lösungsfindungen angeregt werden.

Die Checklisten von Osborn

Alex F. Osborn entwickelte ein Checklistensystem, das zu ungewöhnlichen und innovativen Lösungen führen soll. Mit diesen Listen lassen sich systematisch Verfremdungsreihen aufbauen.

Eine solche Checkliste nach Osborn sei hier am Beispiel einer Antiwaffen-Kampagne gezeigt: [23]

- **Anders verwenden** ①
  Wie kann man etwas anders verwenden? Welchem Gebrauch wird es zugänglich, wenn es modifiziert ist? etc.

- **Adaptieren** ②
  Was ist so ähnlich? Welche Parallelen lassen sich ziehen? Was kann ich kopieren? etc.

- **Modifizieren** ③
  Kann man Bedeutung, Farbe, Bewegung, Klang, Geruch, Form und Größe verändern bzw. hinzufügen? Was lässt sich noch verändern? etc.

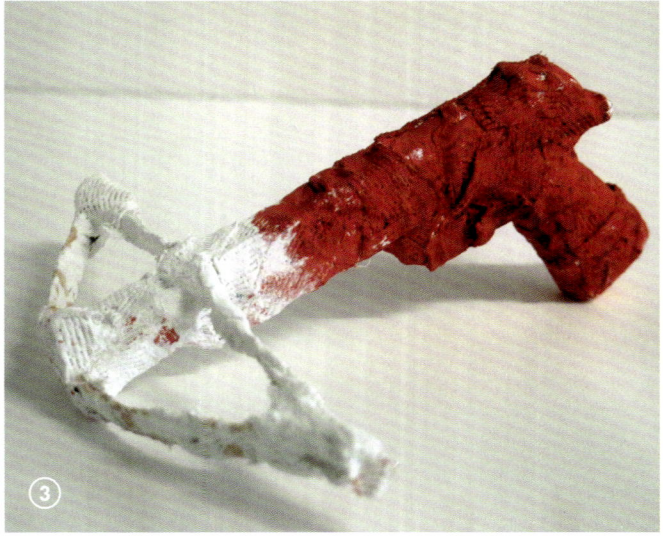

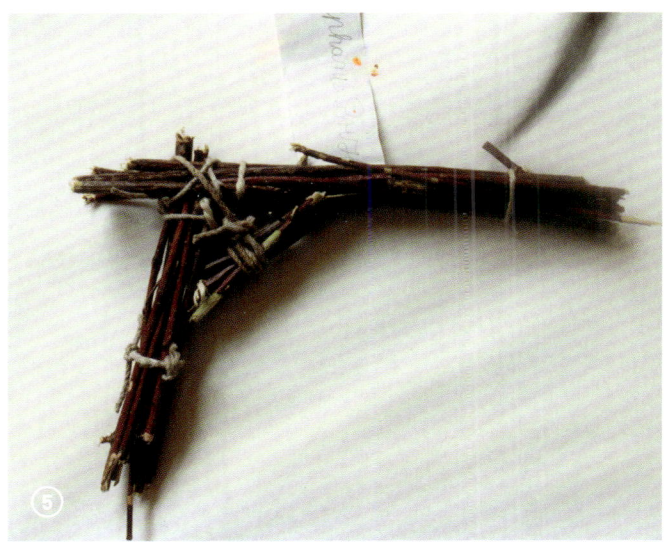

⑤

⑥

- **Magnifizieren** ④
  Was kann man addieren, verdoppeln, multiplizieren? Zeit? Häufigkeit? Stärke? Höhe? Länge? Dicke? etc.

- **Substituieren** ⑤
  Durch was kann man einen Bestandteil ersetzen? Kann man anderes Material verwenden, den Prozess anders gestalten? Andere Kraftquelle? Anderen Platz, andere Stellung? etc.

- **Rearrangieren** ⑥
  Kann man Komponenten austauschen? Andere Reihenfolge? Kann man Ursache und Folge transponieren? etc.

- **Umkehren** ⑦
  Lässt sich etwas positiv oder negativ transponieren? Wie ist es mit dem Gegenteil? Kann man es rückwärts bewegen? Kann man die Rollen vertauschen? etc.

- **Kombinieren** ⑧
  Kann man Einheiten kombinieren? Kann man Absichten kombinieren? Kann man Ideen kombinieren? etc.24

⑦

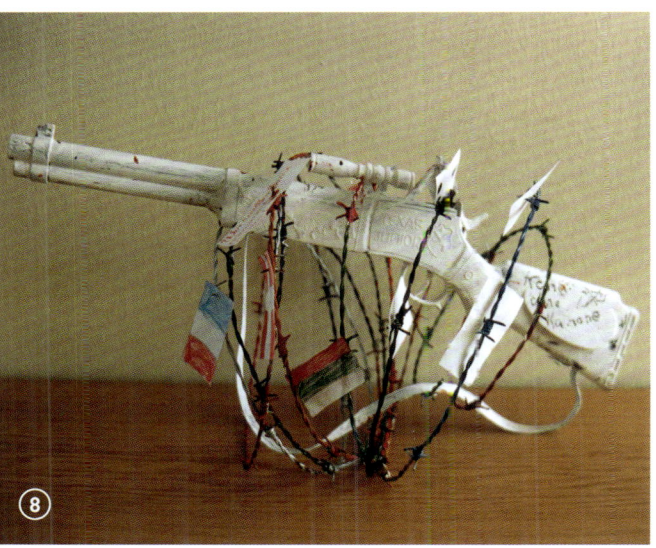

⑧

Checklisten zum Planen
pädagogischer Aktionen

In Schulen der Phantasie gibt es keine staatlichen Lehrpläne. Das heißt aber nicht, dass die Stunden dort nicht durchdacht und gut vorbereitet wären – die folgenden Checklisten (siehe Seite 87) sind für die Planungsunterstützung eben solcher Stunden erstellt. Im Sinne der durchgeführten Projekte können Planungen aber oft nur relativ sein. Die Freiheit der Schule der Phantasie besteht eben gerade darin, dass die Kursleiter auf Unvorhergesehenes reagieren und – genauso wie die Kinder – Improvisationstalent beweisen.

Checklisten zum Planen von pädagogischen Aktionen und Projekten

Wahrnehmen

Erfassen, achtgeben,
etwas kennenlernen, wissen,
begreifen, verstehen, entdecken, unterscheiden,
auskundschaften, kennzeich-
nen, eine Vorstellung bekommen, identifizieren, beobachten,
benennen, notieren, bemerken,
realisieren, sehen, fühlen,
schmecken, riechen,
fassen.

Analysieren

Erklären, ordnen, gliedern,
ein Verzeichnis aufstellen,
Kategorien aufstellen, charak-
terisieren, auswählen, klären,
vergleichen, gegenüberstellen,
definieren, zeigen, schildern,
beschreiben, prüfen, folgern,
ausschließen, erforschen,
gruppieren, sich auseinandersetzen.

Produzieren

Ausführen, vollenden,
verändern, vergrößern,
verkleinern, zusammenstellen,
zusammensetzen, durchführen,
kombinieren, experimentieren,
erproben, improvisieren,
modifizieren, planen,
vorbereiten, realisieren,
strukturieren, umformen.

Bewerten, besprechen

Abschätzen, feststellen,
begreifen, entscheiden,
kritisieren, billigen,
missbilligen, bevorzugen,
eine Meinung bilden, sammeln,
vermuten, sich vorstellen,
einreihen, Theorien bilden,
schätzen, anerkennen, zugeben,
antworten, erörtern, fragen,
zitieren, kommentieren,
behaupten, anfechten, sich
mitteilen, übermitteln, debat-
tieren, erklären, ausschließen,
diskutieren, verallgemeinern,
benennen, vorschlagen, beweisen, rezitieren, in Beziehung
setzen, erinnern, Stellung
beziehen, verbalisieren.[26]

5. Die Förderung von Phantasie und Kreativität

Wie entwickelt sich die Bildsprache der Kinder?

Mit dem bekannten Kritzeln geht es immer los! Schon ganz kleine Kinder verschmieren mit Lust (wenn man es ihnen erlaubt …) Brei oder Spucke auf der Tischplatte. Oft sind die Finger oder die ganze Hand im Breiteller, im Sand oder in der Erde. Dabei erkennt das Kind, das etwas entstanden ist, was sich auch verändern lässt. Kleine Kinder erleben das als äußerst lustvoll. Erste Erfahrungen werden gemacht. Der Stift hinterlässt Spuren auf dem Blatt! Das Kritzeln mit dem Stift wird von der Umgebung in der Regel kulturell akzeptiert. Beim „Schmieren" erleben die meisten Kinder leider die Einschränkung, dass ihnen diese ersten bildnerischen Versuche oft nicht erlaubt werden.

Manche Kinder entdecken, dass Mamas Lippenstift wunderbare Spuren an der Wand hinterlassen kann, manchmal ist es ein Nagel, der auf der Mahagonitischplatte ausprobiert wird oder ein Steinbrocken auf dem Asphalt. Im Idealfall sind es dicke Zeichenkreiden auf einem Bogen Papier. Es ist ein Urtrieb, der hier sichtbar wird. Es ist ein „Bedürfnis, sich nicht nur in Worten, sondern auch in Bildern auszudrücken" (Rudolf Seitz).

Natürlich verfügt jedes Kind über seine ganz eigene Individualität, auch in der Bildsprache. Trotzdem kann man bestimmte Entwicklungsstufen des bildnerischen Gestaltens erkennen, die allerdings nicht als starres Schema verstanden werden dürfen. Ein Kind kann durchaus einmal eine bestimmte Phase überspringen oder relativ lange in einer Zeichenphase verharren oder in eine frühere Phase zurückfallen. Auch Altersangaben kann man nur ungefähr machen.

Wie sehen diese Entwicklungsschritte der kindlichen Bildsprache denn nun aus? Am Anfang produziert ein Kind mit Kreiden oder Stiften scheinbar zufällige Bewegungsspuren. Ein „Urknäuel" entsteht. Wir nennen das Schwung- oder Kreiskritzeln. Die Bewegung kommt noch aus dem ganzen Körper, der gesamte Arm ist „in Schwung". Es ist noch eine grobmotorische Bewegung. Erst allmählich hat das Kind seine Bewegungen zunehmend unter Kontrolle. Auge und Hand wirken immer mehr zusammen. Nun werden die Bewegungsspuren konkreter.

Striche, gerade Linien, Zickzacklinien, Spiralformen tauchen auf. Danach kann man gehäuft kreuzähnliche Formen, „Urkreuze", beobachten. Das aufrechte Gehen und Stehen zeichnet den Menschen aus. Kreuzformen können ein Symbol für die Orientierung im Raum sein. Diese richtet sich nach den Parametern links und rechts, oben und unten aus.

 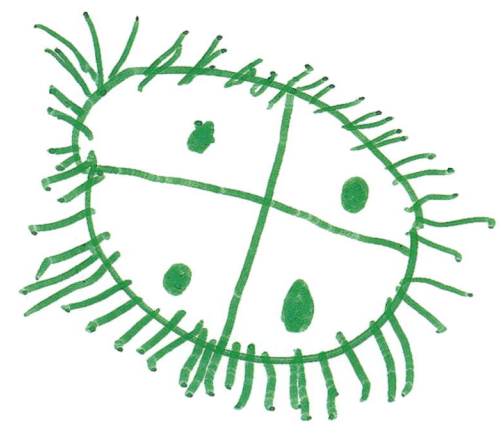

Neben den Kreuzformen erscheinen nun die ersten kreisähnlichen Formgebilde. Es sind noch keine Kreise im geometrischen Sinn, sondern mehr kartoffel- oder sackartige Gebilde. Auffällig ist, dass Kinder in dieser frühen Phase (ca. 2 ½ bis 3 ½ Jahre) mit großer Konzentration geschlossene, runde Formen zeichnen. Eine Art Kreis, der „Urkreis", entsteht. Diese Formen sind Symbole für Mensch, Mama, Papa, Sonne, Rad oder das Kind selbst. Der Kreis ist eine Wesensgestalt geworden, und diese Wesensgestalt ist meist der Mensch. Überhaupt bleibt das Bild des Menschen lange eines der Hauptthemen in der Kinderzeichnung. Andere gern gezeichneten Themen der ersten Jahre sind: Tiere, Häuser, Bäume, Blumen, Fahrzeuge …

Manchmal sind in den Zeichnungen beide Grundformen, Kreis und Kreuz, zu einer Einheit verschmolzen. Sie tauchen in immer neuen Variationen auf. Diese Verbindung ist ein uraltes Menschheitssymbol, ein Zeichen für „Mensch im Kosmos". Es symbolisiert auch die Lebenssituation des Kindes etwa um das dritte Lebensjahr. Innen und Außen stehen unbewusst für Ich und Du. Die erste symbiotische Lebensphase ist vorbei. Das Kind hat sich meist von der Mutter losgelöst. Es ist auch die Zeit des „Ich-Sagens", die Zeit des „Selber-Machens". Freunde und soziale Kontakte werden allmählich wichtig. Auch physiologisch ist eine Veränderung bekannt: Es fanden und finden große Reifungsprozesse am Großhirn statt. Wichtige Knochenverschlüsse am Köpfchen des Kindes sind dazugekommen. Im zeichnerischen Ausdruck finden wir diese unbewussten Prozesse auch in „Urkreis und Urkreuz".

Nun erlebt das Kind eine Phase, in der es immer mehr mit bewussten Formen zeichnet. Eine Art Bilderschrift ist zu beobachten. Mit den ersten beiden Zeichen Kreis und Kreuz kann das Kind schon sehr viel darstellen. Die ersten Kopffüßler entstehen. Dabei zeichnet das Kind nicht das, was es sieht, sondern das, was es weiß und empfindet. Dem Kind ist natürlich vollkommen klar, dass der Mensch nicht nur aus Kopf und Beinen besteht. Diese Kopffüßler sind noch als Gesamtgestalt des Menschen zu sehen. Kinder zeichnen in dieser Phase nicht naturalistisch. Aus diesem Grund ist es auch nicht sinnvoll, ihnen etwas vorzuzeichnen.

Eine Reihe von „Elementarzeichen" entstehen. Auffällig ist, dass dies geometrische Zeichen (Kreis, Kreuz, diagonales Kreuz, Stern, Dreieck, Quadrat, Rechteck, Oval, Zacken, Bögen, Spiralen, Sterne, Kreuz im Kreis, Stern im Kreis, Sonne) sind. Auffällig ist auch, dass diese abstrahierten, spröden Formen in einer äußerst lebendigen, originellen Art und Weise verwendet werden. Mit ungefähr vier oder fünf Jahren kann das

Kind damit schon komplizierte Themen wie Menschen, Tiere, Häuser, Blumen, Fahrzeuge usw. zeichnen.

Kinder zeigen uns in ihren Zeichnungen ihr „Bild von der Welt". Die ganze äußere und innere Erlebniswelt des Kindes wird darin sichtbar. Wir können durchaus lernen, die Bildsprache der Kinder zu verstehen.

Mit zunehmender Erfahrung sind wir in der Lage, in diesen Zeichnungen zu lesen. Die ganze Gefühlsskala der Kinder von „himmelhochjauchzend bis zu Tode betrübt" wird sichtbar. Rudi Seitz hat jedoch immer vor voreiligen Deutungen der Kinderzeichnungen gewarnt. Hat ein Kind einmal ein schwarzes Bild gemalt, muss das noch kein Trauma wiedergeben, muss dieses Bild noch kein Ausdruck einer kindlichen Depression sein.

Zeichnet ein Kind jedoch über lange Zeit immer wieder in einer auffälligen Weise und wirkt es auch sonst in seinem Wesen und Verhalten verstört, kann die Kinderzeichnung ein Hilfsmittel zur Diagnostik sein. Mit Einfühlungsvermögen, genauer Beobachtung und profunder Sachkenntnis können wir ein Kind über seine Zeichnungen besser verstehen lernen. Im Übrigen wirken Zeichnen und Malen selbst schon therapeutisch.

Die Bildsprache der Kinder muss uns nicht unverständlich bleiben, weil wir selbst diese Formen in uns haben. Heute sind diese Zeichen als Piktogramme adaptiert und weisen uns den Weg durch die moderne Welt. Als archetypische Formen finden wir sie in Höhlenzeichnungen und moderner Kunst. Es gab und gibt sie in allen Kulturen und Religionen. In christlichen und asiatischen Meditationsbildern können wir sie wieder betrachten und uns auf sie einlassen.

Auch in Kinderzeichnungen findet man Zeichen, die wie Mandalas wirken. Damit sind nicht die jetzt so verbreiteten Mandala-Malvorlagen gemeint. Diese sind lediglich Ausmalvorlagen, welche die Kreativität der Kinder einengen. In den Zeichnungen kleiner Kinder taucht eine uralte Formensprache auf, die von den Kindern vor allem in den ersten Jahren als Sinnzeichen verwendet wird. Später, vor allem im Vorschul- und Grundschulalter, werden die geometrischen Formen als Muster zum Ausschmücken und Differenzieren eingesetzt.

Auch in der perspektivischen Darstellung entwickelt das Kind neue Lösungen. Am Anfang zeichnet das kleine Kind nach einer eher zufälligen Anordnung. Man nennt diese ersten Kinderzeichnungen „Streubilder". Bald unterscheidet das Kindergartenkind jedoch zwischen oben und unten. Die ersten „Standlinienbilder" entstehen. Diese Raumordnung verwenden Kinder oft sehr lange, manchmal noch als Acht- bis Zehnjährige.

Erst in der Vorpubertät und Pubertät versuchen Kinder und Jugendliche, in ihren Zeichnungen eine Perspektive zu konstruieren. Nun wird der Radiergummi gebraucht. Die größeren

Kinder und Jugendlichen wollen jetzt ihr Bild der Welt realistisch darstellen. Gesichter und Körperhaltungen werden genau beobachtet und studiert, damit sie möglichst genau gezeichnet werden. Nicht nur in der Kinderzeichnung zeigt sich das Ende der Kindheit.

Das muss aber nicht zwangsläufig das Ende des Zeichnens und Malens bedeuten. Doch leider ist es in der Realität so, dass ab diesem Alter im Lehrplan immer weniger Stunden für den Kunstunterricht vertreten sind. Dabei ist Zeichnen, Malen und Gestalten in jedem Alter eine ganz großartige Methode, um zu sich selbst zu finden. Über unsere Bildsprache können wir uns und die Welt entdecken – ein wichtiger Beitrag zur Selbst- und Welterfahrung.

Hier können die „Schulen der Phantasie" eine Lücke schließen, gute Angebote für verschiedene Altersstufen anbieten und Impulse für die Ganztagsschulen geben.

Warum Zeichnen und Malen für Kinder so wichtig sind

Es ist nicht zu unterschätzen: Das Kind kann beim Zeichnen und Malen „Zeichen setzen". Es kann durch seine Zeichnung sich, seine Umweltbeziehungen und sein Bild von der Welt formulieren, d.h., in eine Form bringen. Es bedeutet für ein Kind sehr viel, etwas darzustellen. Dabei heißt darstellen – klarstellen. Nur was ich ganz genau kenne, kann ich klar darstellen, und – das ist sehr wesentlich – die anderen können es verstehen. Das Kind kann sich über seine Bilder mit-teilen, d.h., es teilt seine Erfahrungen mit uns. Die Zeichnung ist eine Verdichtung, eine Abstraktion – ein Einbeziehen von Wirklichkeit.

Ein Kind kann in seine Zeichnung neben der Benennung des Gemeinten gleichzeitig auch seine Wertung, seinen sozialen und emotionalen Bezug einbringen.

Und das Kind entspannt sich beim Malen. Über Bilder wird die Spannung, die sich zwischen Bewusstem und Unter- und Unbewusstem aufgebaut hat, wieder abgetragen. Es wird so weit wie möglich wieder eine Harmonie angestrebt. Ein Bild hat viele Ebenen, rationale und andere. Offenbar entsprechen sich beim Zeichnen und Malen die verspannten Schichten in uns und solche im Bild. Sie gleichen und tauschen sich aus. Möglicherweise suche ich auch Themen und Darstellungsformen, die dies bewirken, ohne mir darüber im Klaren zu sein. Das ist eine unübersehbar therapeutische Wirkung von Zeichnen und Malen.

Dabei können Kinder großen Spaß am Zeichnen und Malen haben. Wenn man Kinder aufmerksam beobachtet, mit welcher Begeisterung, welchem Temperament, mit welchem forschenden Engagement sie während des Zeichnens und Malens bei der Sache sind und mit welchem Stolz sie ihre Ergebnisse zeigen, so wäre das allein schon Begründung genug.

Zeichnen und Malen kultivieren die Außenbeziehungen und die Selbsterkenntnis eines Kindes und führen es zugleich zu einer Konzentration. Es ist, wie wenn ein Stein ins Wasser geworfen wird: Die Kreise weiten sich konzentrisch aus.

Am Ufer angekommen, führen die Kreise aber wieder in die Mitte, ins Zentrum, zurück. Durch Zeichnen und Malen gewinnen Kinder an Sicherheit und Selbstbewusstsein. Kinder – und auch wir – begeben uns auf eine lebenslange Reise ästhetischer Bezüge und Gestaltungsvermögen, die uns vielleicht auch befähigen, die Gestaltung dieser Welt in unsere Hand zu nehmen.

Bastian
2024

Gibt es so etwas wie „Goldene Regeln" zur Förderung von Kindern?

„Goldene Regeln" klingt etwas zu abgehoben, „Faustregeln" zu brutal und der Begriff „Fingerspitzenregeln" ist nicht gebräuchlich. Ein paar Dinge sollten wir aber doch beachten:

- Ein Kind will auf jeder Stufe seiner zeichnerischen Entwicklung ernst genommen werden. Es hat uns viel zu sagen.
- Es gilt als wichtiger Grundsatz: Reiche Sinneswahrnehmungen und ein breiter Überlegungs- und Erfahrungshintergrund machen die Zeichnungen phantasievoller und reicher. Korrekturen an Zeichnungen sind bei kleinen

Kindern nicht angebracht und werden von Erwachsenen oft nur in Unkenntnis der Bildsprache der Kinder gemacht.

- Kinder brauchen die Chance, eigene Entdeckungen zu machen und selbst nachzudenken. Es gilt, mit viel Einfühlungsvermögen und Fingerspitzengefühl die eigenen Ideen eines Kindes, seine Vorstellungen und Überlegungen zu aktivieren.
- Phantasie braucht eine Umgebung, in der man sich wohlfühlen kann. Wenn ein Kind Erwachsene als Partner mit Fröhlichkeit und Humor erlebt, ist es sofort bereit, auch außergewöhnliche Ideen zu verwirklichen. Es braucht nicht zu befürchten, kritisiert oder gar ironisch behandelt zu

werden. Natürlich muss nicht alles überschwänglich gelobt werden. Zeichnen und Malen sind selbstverständliche Äußerungen. Aber positive Verstärkung, richtig eingesetztes Lob und liebevolle Aufmerksamkeit tun nur gut!

- Wir müssen neugierig sein, was uns Kinder in ihren Bildern sagen möchten. Kinderzeichnungen zu lesen kann man lernen.
- Kinder können vieles besser als wir Erwachsene! Unsere Schulbildung, unser Beruf, unsere Umgebung und nicht zuletzt unsere Hemmungen haben uns vieles verstellt, was Kinder noch können. Sie sind spontan, offen, mutig, unverhohlen neugierig, einfallsreich, flexibel und sehr feinfühlig. Ihre Fähigkeit, Dinge zum ersten

Mal zu erleben, macht diese zum Abenteuer. So aufregend könnte die Welt für uns auch sein.

- Die kindliche Bildsprache, die Dinge vom Wesen her beschreibt und bezeichnet, ist der von uns Erwachsenen überlegen. Wir können niemanden mit Kopfschmerzen zeichnen, Kinder schon. Innen und Außen sind keine Grenzen. Was wichtig ist, ist groß.
- Erwachsene denken oft von außen her und achten sehr of die optische „Richtigkeit". Da geht viel Wesentliches verloren.
- Es ist für uns Erwachsene schwer, uns zurückzunehmen, uns so weit zu bremsen, dass ein Kind seine Erfahrungen selbst machen darf, obwohl wir das Ergebnis schon zu kennen glauben.

- Kinder sollen auch ein bisschen verschwenderisch sein dürfen! Sie brauchen viel und vielerlei Material zum Zeichnen und Malen – und auch viel Zeit!

- Kinder lernen nicht nur für morgen. Kinder haben ein Recht auch auf das augenblickliche Glück – und wir auch.

Wie kann ich Kinder fördern?

Diese Frage wird häufig gestellt. Fördern?! Fördern wohin? Es kann sich doch zunächst nur um die Frage drehen, dem Kind zu helfen und ihm zu ermöglichen, es selbst zu sein, es selbst zu werden. Die beste Förderung ist, wenn ein Kind wirklich spürt, dass es geliebt wird, dass wir uns mit ihm und über es freuen. Es muss wissen, dass der Erwachsene sein zuverlässiger Partner ist, dem es in jeder Situation voll vertrauen kann.

So wird das Kind Sozialbeziehungen aufbauen können, die auch später angstfrei tragen. Es wird offen und selbstsicher in diese, in seine Welt hineinwachsen und auch lernen, mit Trauer und Schmerz fertigzuwerden, weil es nicht allein ist. An der Seite aufmerksamer, liebevoller Erwachsener wird es erfahren, dass es nicht nur Sonnenschein im Leben gibt, dass Armut, Krankheit, Aggression, Kriege und Sterben Faktoren sind, die nicht totgeschwiegen werden können und dürfen. Vielleicht gelingt es dem Kind dann, sein Leben später mit Einfallsreichtum, Einfühlung und Mut aktiv und verantwortlich zu gestalten. Das beginnt mit kleinsten Schritten, heute, hier.

Und Kinder brauchen Spielräume, Zeit und Muße! Die beste Förderung ist – neben dem Bereitstellen von aus-

reichenden Materialien und einem guten Arbeitsplatz – ein reiches Erlebnisfeld für alle Sinne. Kinder sollen ein Gefühl entwickeln für sich, für uns, für ihre Umgebung, alles, was

sie sehen, hören, riechen, schmecken und tasten. Sie sollen Räume erfahren. Wenn wir unseren Kindern helfen, so etwas zu erleben, finden wir ganz nebenbei auch uns selbst dabei wieder.

Brauchen Kinder Kunst?

Kinder brauchen sicherlich keine Museumsbesuche als Event mit anschließendem Einkauf im Museumsladen. Begeisterung für Kunst lässt sich nicht einkaufen! Kunst kann aber sehr anregend sein, auch für Kinder. Im Grunde genommen geht es darum, etwas genau anzusehen, zu hinterfragen, nachzudenken, vielleicht danach auch etwas selbst zu gestalten. Wenn man das mit Kindern immer wieder einmal macht, führt das zu einer verfeinerten Wahrnehmung für Kunstwerke. Man muss auch nicht immer wieder in neue und noch nicht bekannte Museen gehen. Für Kinder – und auch für uns – ist es immer wieder interessant, Bilder, die man vor längerer Zeit einmal gesehen hat, wieder zu entde-

cken. Oder man besucht ein Museum und macht es sich mit den Kindern zur Aufgabe, z. B. alle Hunde, die auf den Gemälden zu entdecken sind, zu suchen. Es ist erstaunlich, auf wie vielen Bildern in Gemäldegalerien es Hunde und Hündchen in allen Größen und Rassen zu entdecken gibt – stilistische Unterschiede in der Malweise natürlich auch.

Kinder betrachten Kunst zuerst einmal mit spielerischem Interesse. Dieses Interesse kann noch weiter geweckt und konkretisiert werden, wenn wir mit ihnen über die Bilder sprechen. Es gibt darauf so vieles zu entdecken, was Kinder interessieren kann. So lassen sich auf Bildern, gerade auch historischen, z. B. ganz andere Lebensumstände als die der Kinder und völlig andere Lebensentwürfe entdecken. Kindergarten- und Grund-

schulkinder lieben es, in Gesprächen und Diskussionen zu reflektieren, wie sich gesellschaftliche Rollenmuster und Normen mit den Jahrhunderten verändert haben.

Man kann nicht früh genug damit anfangen. Auch kleinste Kinder reagieren auf bunte Glasfenster in Kirchen. In Naturkundemuseen gibt es oft interessante Sammlungen von Vögeln, Schmetterlingen, wilden und exotischen Tieren. Man muss nicht immer in die großen Pinakotheken gehen. Manchmal ist das Museum am Heimatort das richtige. Kleine Kinder interessieren sich nicht für den stilistischen Unterschied zwischen einem frühen und späten Rubens. Wenn wir uns von solchen Ansprüchen lösen, kann das Museum wie ein großes Bilderbuch sein, voller Geschichten, Menschen, Tiere, Landschaften und Stimmungen.

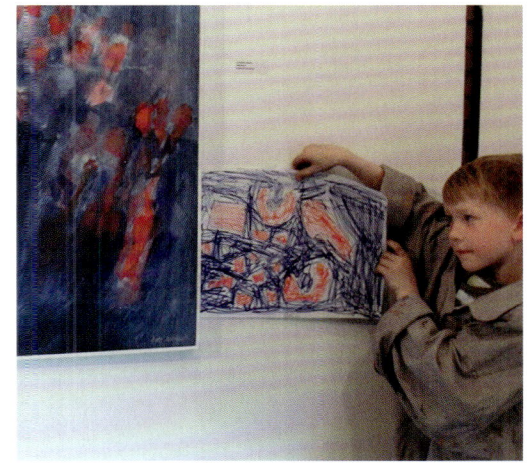

Durch Kunst können wir Vertrautes und Bekanntes wiederentdecken, uns aber auch mit fremdartigen Themen und bisher unbekannten Darstellungen auseinandersetzen. Das Sprechen über Kunstwerke und das Hineinversetzen in die Absicht und Stimmung eines Künstlers lässt Kinder oft ganz neue Facetten entdecken. Dabei sollten Kinder auch über Bilder sprechen können, die ihnen auf den ersten oder zweiten Blick gar nicht gefallen, denn begründetes Ablehnen will auch gelernt sein.

Dabei treten gerade Kinder dem Fremdartigen und Neuen in der Kunst oft mit einer großen Imaginationsfähigkeit und Spontaneität gegenüber. Wenn Kinder Kunst und Museumsbesuche in guter Erinnerung haben, werden sie später, als Erwachsene, Kunst auch gern in ihr Leben integrieren.

Außerdem können Kunstwerke Kinder ungemein anregen, zu eigenen Gestaltungen zu finden. Das genaue Hinsehen macht deutlich, wie die Künstler das Material, die Farben und Formen eingesetzt haben. Das kann für Kinder sehr anregend sein. Wenn sie dann anschließend selbst zeichnen und malen, ist das nicht einfach eine Kopie des Gesehenen, sondern vielmehr eine Umsetzung des Gesehenen in die eigene Vorstellungswelt und in die eigene Bildsprache.

Das bildnerische Ausdrucksvermögen von Kindern kann sich durch viele Anregungen differenzieren und erweitern. Mit allen Sinnen erlebte ästhetische Erfahrungen sind später Erinnerungen, die manches in einem Leben grundlegend ändern können – und die man nicht allein aus Büchern bekommen kann.

Der Raum als eine kreative, gut strukturierte „vorbereitete Umgebung"

Kreative Räume für Kinder sollten liebevoll eingerichtet, warm, klar, gut strukturiert und bunt, lebendig, phantasievoll und anregend sein. In solchen Räumen finden sich verschiedene und verschiedenartige Materialien sowie Dinge, die Anregungen bieten. Es ist ein Assoziationsfeld, das stimuliert und träumen, experimentieren und lernen auf vielfältige Weise zulässt.

Maria Montessori hat solchen Räumen in ihrer Pädagogik eine wichtige Funktion zugeschrieben. Kinder sollen in ihnen Ideen entwickeln kön-

nen und dabei eigenständig lernen. Sie nennt dies „vorbereitete Umgebung".

In der Reggio-Pädagogik wird der Raum „der dritte Erzieher" genannt. In diesem Sinn erfüllt der Raum zwei Aufgaben: Die Kinder erfahren dort sowohl Geborgenheit als auch Herausforderung und Stimulation. In diesen Einrichtungen befindet sich neben den Gruppenräumen auch immer ein Atelier, das von Atelierleitern geführt wird. In den zusätzlichen „Magazin- oder Materialräumen" finden alle Mitarbeiter und Kinder ein großes und gut sortiertes Materialangebot.

Diese Vielfalt ermöglicht den Kindern individuelle und sinnliche Ausdrucksmöglichkeiten. In der Reggio-Pädagogik geht man davon aus, dass

Kinder möglichst viele Experimentierfelder haben sollen, und spricht von den „100 Sprachen der Kinder", die jeweils individuelle Ausdrucksmöglichkeiten sind.

In Schulen der Phantasie und anderen kreativen Einrichtungen sind die Räume mit geeigneten Möbeln, Material und Werkzeug ausgestattet, damit sich die Kinder und die Künstler-Lehrer dort wohlfühlen und gern darin arbeiten.

Ein gutes Beispiel für eine solche Schule findet sich in Friedberg bei Augsburg. Es ist die Kunstschule von Rose Maier Haid. Sie nennt diese Schule „KunstWerk", und das ist sie auch im wahrsten Sinne des Wortes. Für Kinder und Erwachsene wurde dort ein Ort der Sinne, der Freiheit

des Geistes und der Herzensbildung geschaffen. Der Mensch ist dabei ein Teil des KunstWerks. In dem geschützten Raum dieser Kunstschule finden Kinder und Erwachsene die Ruhe und Konzentration, um sich auf die Reise zu den inneren Bildern zu begeben. Dabei verlässt Rose Maier Haid immer wieder bewusst die Schule, um in öffentlichen Räumen mit ihren Schülern ungewöhnliche Kunstaktionen durchzuführen.

Nicht nur Kursräume sind „Spielwiesen". Auch die Umgebung des Hauses, in dem sich die Kursräume befinden, der Schulhof, der Garten, das Museum vor Ort oder die Plätze der Stadt sind anregend und können zu Gestaltungen einladen. Hier sind die Kreativität der Kursleiter und die

Kooperationsbereitschaft der Stadtverwaltung gefragt.

Häufig finden die Nachmittagskurse der Schulen der Phantasie in den örtlichen Schulen statt. Das hat den Vorteil, dass die Räume meist mietfrei sind und die Kinder die kreativen Angebote nach der Mittagsbetreuung an ihrer Schule nutzen können. Doch oft ist eine solche Konstruktion auch mit Kompromissen verbunden, denn viele der Kurse finden in Räumen statt, die auch anderweitig benutzt werden (z. B. in den Werkräumen der Schulen oder in Räumen, die mit anderen Fachlehrern geteilt werden müssen). Hier bleibt den Kursleitern nichts anderes übrig, als einfallsreich, flexibel und praktisch auf die Gegebenheiten zu reagieren.

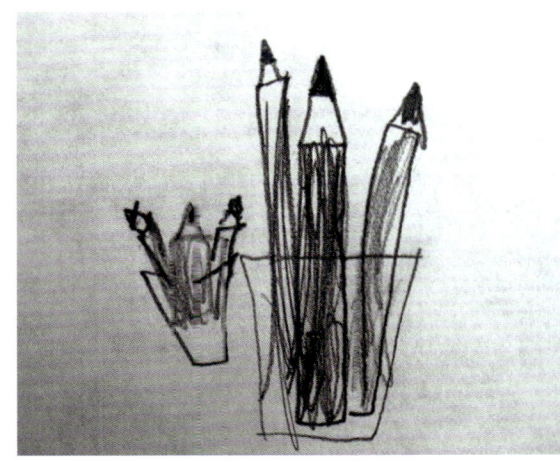

Doch jeder Kursleiter wird versuchen, für die ihm anvertrauten Kinder ein gutes Angebot an Materialien bereitzustellen. Geeignete Farben für Kinder sind im Prinzip alle Farben, die ungiftig sind. Je kleiner die Kinder sind, desto wichtiger ist dies. Manche Kursleiter stellen für kleine Kinder deshalb

Kleisterfarben her. Ungiftige Farbpigmente oder Lebensmittelfarben werden in Tapetenkleister eingerührt und halten in Marmeladengläsern mit Deckeln einige Wochen.

Bei den im Fachhandel erhältlichen Farben eignen sich alle guten Gouache-, Acryl- und Wasserfarben.

Papiere bekommt man oft in Druckereien in guter Qualität und in verschiedenen Formaten und Farben geschenkt.

Auf nasses Papier gemalt, verlaufen flüssige Farben besonders schön. Daher laden leere Marmeladengläser zu vielfältigen Farbexperimenten und Mischungen mit Farbwasser ein. Wenn hier ein großer Tisch zu einem Farbmischexperimentierfeld umfunktioniert wird, macht das großen und kleinen Kindern Spaß. Nebenher lernen sie dabei auch die Gesetze der Farbmischung kennen.

Erdfarben kann man selbst herstellen, indem man farbige Erden mörsert, reibt und siebt und diese dann mit Bindemitteln (Kleister, Acrylbindemittel, Leinöl) vermischt.

Damit Kinder die Farben ungehemmt ausprobieren können, sollten Malkittel oder Maloveralls zur Ver-

fügung stehen. Empfindliche Boden-flächen können mit Packpapier oder Pressspanplatten abgedeckt werden. Als Tische haben sich stabile Tische mit abwaschbaren Tischplatten bewährt. Auch eine große Pinnwand, an der die Kinder große Bögen Papier anbringen können, ist sinnvoll.

Zum Auftragen der Farben eignen sich Borsten-, Haar- und Schwamm-pinsel sowie Spachtel in allen Grö-ßen. Wichtig ist, dass die Kinder lernen, dass Pinsel auch gut ausge-waschen und pfleglich behandelt werden müssen. Das macht man am besten mit Kernseife und war-mem Wasser und legt die Pinsel zum Trocknen auf Zeitungspapier oder hängt sie mit den Pinselhaaren nach unten an in ein Regalbrett geschraub-te Haken auf. Praktisch ist, wenn Gläser mit Farben in einen stabilen Karton gesteckt werden, in dessen De-ckel man vorher mit dem Cutter Lö-cher im Durchmesser der Farbgläser geschnitten hat. So können die Kinder „ihr" Farbensortiment aus den Rega-len holen. Für das Malwasser soll-te man keine Plastikbecher nehmen (sie fallen leicht um), sondern stabil stehende große Marmeladengläser.

Bewährt hat sich auch, dass jedes Kind jeweils zwei Gläser mit Malwasser auf seinen Arbeitstisch stehen hat: In dem einen Glas wird der Pinsel grob ausgewaschen, dann an einem Mallappen abgestreift und dann noch mal in dem anderen Wasserglas „nachgespült". So muss man das Malwasser nicht allzu oft wechseln und kann auch helle Farben gut mischen, da Farbreste vorher gut entfernt wurden.

Eine Kiste mit Ton oder Lehm gehört in der Regel zur Standardausstattung in den Kursräumen. Damit die Kinder gute Arbeitsplatten zum Töpfern haben, besorgt man sich im Baumarkt am besten einfache, zwei bis vier Millimeter dicke Hartfaserplatten. Zum Töpfern braucht man vor allem die Hände, aber auch Haushaltsschwämme, Teigschaber, Löffel und alte Messer sind geeignete Werkzeuge.

In vielen Kurs- und Atelierräumen gibt es flache, mit feinem Quarzsand gefüllte Wannen. Darin können die Kinder mit Händen, Pinseln oder kleinen Stöckchen zeichnen und die Zeichnungen anschließend wieder verwischen. Diese „Sandwannen" sind häufig ein magnetischer Anziehungspunkt in Gruppen jeglichen Alters. Durch diese haptische Methode werden die vielen Nervenpunkte in unseren Händen stimuliert. Obwohl die Sandwannen-Ergebnisse oft von hoher Ästhetik sind, können sie nicht an die Wand gehängt werden. Dadurch werden viele Kinder freier im Gestalten. Das „Auslöschen" der Zeichnung

im Sand gehört mit zum kreativen Prozess. Außerdem kann mit diesen Wannen die Zeit überbrückt werden, wenn Kinder schon mit dem Aufräumen ihres Arbeitsplatzes fertig sind, aber noch Lust und Zeit zum Gestalten haben. Diese Übungen brauchen keine große Vorbereitung, und das Material steht immer zur Verfügung.

Für kreatives Arbeiten braucht man aber auch Hammer, Säge, Nägel, Schrauben, Schraubenzieher, Zangen, Tacker, Heißklebepistole … Manchmal auch Bohrmaschine und Akuschrauber. Kinder wollen oft „wie die Großen" mit Werkzeug arbeiten und sind in der Regel auch daran interessiert, die handwerklich-technischen Dinge zur Bearbeitung verschiedener Materialien kennenzulernen.

Wenn die Regale im Atelierraum nicht zu hoch sind, können alle Materialien und Werkzeuge von den Kindern nach Bedarf selbst herausgeholt und nach Ende der Arbeit wieder aufgeräumt werden.

Schubladen mit Fundstücken und allen möglichen „Kunst und Krempel"-Materialien sind wichtig und anregend für kreatives Arbeiten.

Räume für Kinder sind nie neutral, sondern wirken entscheidend dabei mit, wie kreatives Handeln umgesetzt werden kann. Damit sind Räume immer ein wesentlicher Teil des kreativen Konzepts. Inwieweit solche Räume realisiert werden können, hängt in der Regel von den praktizierenden Kurs- oder Atelierleitern und natürlich auch vom Etat ab. Doch Aufräumen und die Dinge pfleglich behandeln kostet in der Regel nichts, außer Aufmerksamkeit dafür – und Zeit, die bei guter Organisation dann aber wieder für kreative Dinge zur Verfügung steht.

Kunst bietet Anregungen für alle Sinne

Kinder „begreifen" die Welt, ihre Eigenschaften und Gesetze vor allem über die Sinne. Je jünger Kinder sind, desto wichtiger ist dies. Aber auch ihr Intellekt entwickelt sich über ihre Sinne, und die Sinne brauchen sie – und wir – auch, um Glück zu erleben. Deshalb ist es so elementar, alle Sinne eines Kindes zu fördern und ihm immer wieder viele Anregungen zu bieten.

In Schulen und bei den Eltern aber wächst der Leistungsdruck. Um im globalen Wettbewerb bestehen zu können, wird viel gefordert und viel gefördert. So kann ein Kreislauf entstehen, der Kindern zu viel abverlangt.

In der Förderung von Kindern darf nicht alles ziel- und ergebnisorientiert sein. Kinder haben auch ein Recht auf ihr augenblickliches Glück! Erst dann können Lernen und kreatives Gestalten zu einem wirklichen Erfolg werden, erst dann sind Kinder mit Freude und Eifer bei der Sache.

Eine gute ästhetische Erziehung ermöglicht diese Erfahrungen. Ein Kind begegnet Materialien, erfährt ihre Grenzen und Möglichkeiten, dringt ein in den Aussagewert von Farben und Formen und lernt deren Wirkung kennen. Es begreift seine Welt. Diese Erfahrungen sind nicht zu unterschätzen, sie sind extrem wichtig, weil sie die Basis jeder Lernerfahrung beim Kind darstellen. „Nichts ist im Verstand, was nicht vorher in den Sinnen war": Das war die Überzeugung des englischen Philosophen John Locke.

In einer hoch technisierten Welt besteht die Gefahr, dass wir die Dinge viel zu wenig „be-greifen" können. Deshalb begreifen wir vielleicht auch so wenig. Wir haben den Tastsinn an die Augen weitergegeben. Un- oder unterentwickelte Sinne sind eine der Ursachen für unerfüllte menschliche Beziehungen. Damit ist zwischenmenschliches Missverstehen vorprogrammiert. Unsere von uns offensichtlich so gewollte und organisierte Welt führt weg vom Sinnenhaften. Auch das Bildungssystem hat einseitige, kopflastige Tendenzen – sinnvoll sind sie nicht. Damit besteht die Gefahr, dass wir uns sehr einseitig und von

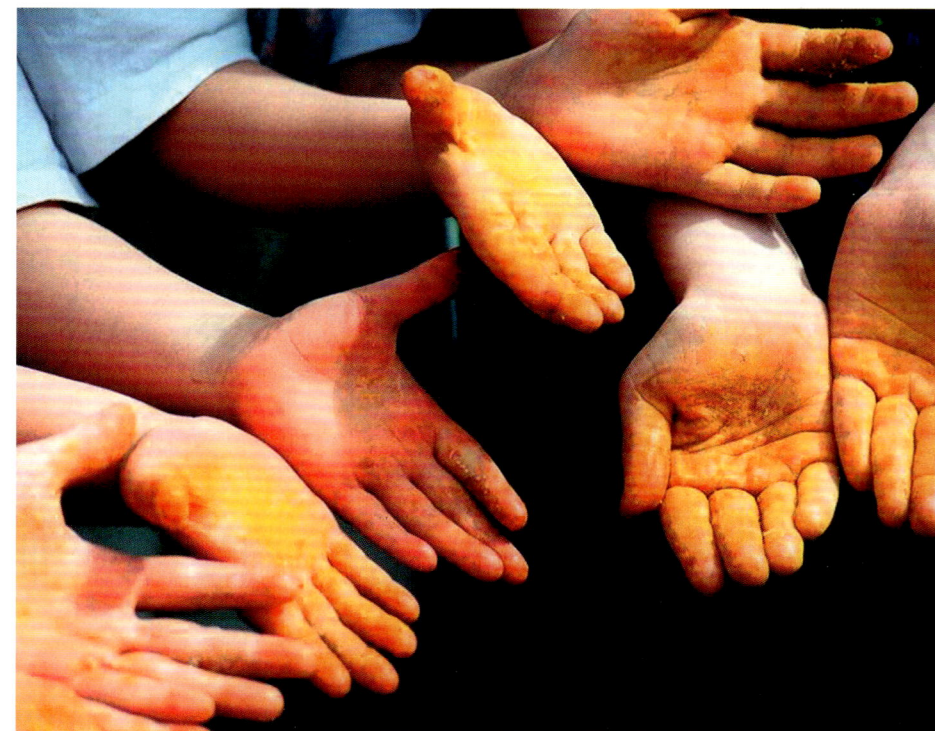

Grund auf verändern. Eine gedachte Welt steuert uns, bestimmt Werte und Handlungsweisen. Die erlebte Welt schwindet. Und damit verlieren wir auch uns selbst! Was nehmen wir wirklich noch wahr? Was verdrängen, unterdrücken, missachten wir? Wie offen benutzen wir unsere Sinne?

Wir dürfen nicht unterschätzen, wie wichtig es für Kinder – und auch für uns – ist, etwas sinnlich zu erleben und dann zu gestalten, zu zeichnen und zu malen. In einer Zeit, in der virtuelle Welten die reale Welt oft verdrängen, sind konkrete sinnliche Erfahrungen existenziell.

Natürlich sind die Rahmenbedingungen heute anders als noch vor zehn oder 15 Jahren. Der zunehmende Medieneinfluss und die mangelnde Erfahrung konkreter sinnlicher Erlebnisse bei unseren Kindern wirken sich auch in Bezug auf Phantasie und Kreativität aus. Kinder wachsen heute in einer Welt mit Internet, Facebook und Mobiltelefon auf. Das ist alles andere als kindgemäß, aber eine Realität, die wir nicht ändern können. Was wir aber tun können: Wir können verhindern, dass wir – und vor allem unsere Kinder – diesen Einflüssen unreflektiert ausgeliefert sind.

Die Gefahr, dass die permanenten Reize unserer Welt uns überfluten und uns die Möglichkeit nehmen, das augenblickliche Glück zu erfahren, ist groß. Wir müssen deshalb gegensteuern, innehalten, aufhören, verweilen und unsere Sinne öffnen.

Die Beschäftigung mit Kunst gibt Kindern diese Möglichkeit. Die Kultur unserer Sinne, d.h. ihre Pflege, ist eine Lebensaufgabe mit unzähligen Erlebnissen und Belohnungen. Es lohnt sich für uns und für unsere Kinder, sich dafür zu öffnen.

Die Hände – ein wunderbares Werkzeug

Doch nutzen wir dieses Werkzeug in allen seinen Möglichkeiten? Kinder entwickeln oft eine große Geschicklichkeit im Umgang mit Touchpad und Handy. Auf der anderen Seite scheitern dieselben Kinder auch noch als Grundschüler am Binden ihrer Schnürsenkel, können einen Stift nicht richtig halten und haben im wahrsten Sinne des Wortes „zwei linke Hände". Gerade für diese Kinder – aber nicht nur für sie – ist es wichtig, dass sie viel mit den Händen gestalten können, dass sie ihre Hände als Sinnesorgane erfahren und einsetzen.

Wenn die Hände zum Tasten, Greifen, Hantieren etc. benutzt und damit sensibilisiert werden, macht sich diese Tätigkeit übrigens nicht nur in den Händen bemerkbar. Es ist ein ganzheitlicher Lernvorgang. In jeder unserer Hände befinden sich etwa 17.000 Nervenpunkte. Immer dann, wenn wir etwas abtasten, werden diese stimu-

liert. Diese Handlungen bilden Synapsen im Gehirn. Unsere Hände sind ein Werkzeug, das nicht nur intelligent benutzt werden kann, sondern dessen Benutzung auch Intelligenz fördert.

Natürlich können Kinderhände auch einen Computer bedienen. Doch nur dann, wenn Kinder die Welt über ihre Sinne und „ihre Handlungen" erleben, wenn ihre Hände etwas erfahren und diese Erfahrungen in konkreten Prozessen, im Tun, erlebt wird, können Kinder später den Computer als sinnvolles Werkzeug benutzen. Dann und nur dann ist der Computer ein wichtiges Hilfsmittel und nicht Ersatz für die Welt. Dabei können wir davon ausgehen, dass beim Kind der Tastsinn ganz besonders ausgeprägt ist. Kleine Kinder erfahren die Umwelt hauptsächlich über ihre Sinne, ihre Haut und ihre Hände.

Der Philosoph Georg Gadamer machte bereits 1978 auf einem Kongress des Deutschen Werkbundes auf die Bedeutung der Erfahrungen unserer Hände aufmerksam. Schon damals wiesen verschiedene Wissenschaftler

sehr eindringlich auf die Gefahr hin, dass sich die Wertmaßstäbe in der modernen Welt extrem verschieben könnten. Sie wiesen aber auch nach, wie Sinne, Hand und Handlung – und damit konkrete Welterfahrung – voneinander abhängen. Dieser Kongress, auf dem es um diesen Verlust der menschlichen Ganzheit ging, trug bezeichnenderweise den Titel „Der Mensch ohne Hand". Die Hand war hier ein Symbol für Selbst- und Umwelterfahrung und für Umweltgestaltung.

„Anfassen verboten!" Wie oft lassen wir uns davon beeindrucken. Wir glauben, schon beim bloßen Hinsehen zu wissen, wie sich etwas anfühlt. Welch riesiges Missverständnis! Was wie Holz aussieht, ist nicht Holz, sondern ein Laminat. Erst, wenn wir es anfassen oder barfuß über den Boden laufen, spüren wir, dass unser Sehsinn uns täuschen kann.

Der Tastsinn ist der Sinn, der am direktesten die Umwelt begreift. Schon in diesem Wort werden Zusammenhänge deutlich. „Begreifen" heißt „verstehen", „begreiflich" ist „verständlich". Auch andere Worte sagen uns das: „erfassen" und „auffassen". Der Weg führt vom „Begreifen" zum „Begriff". Wir ahnen, wie wichtig diese Erfahrungen für unser Denken sind. Die Engländer haben aus dem Wort tasten „taste" gemacht. Das meint: etwas kosten, probieren, versuchen, prüfen, genießen, aber auch „eine Ahnung haben", da überspringt es zwei Sinne. Eigentlich kommt das Wort aus dem Italienischen: „tastare" bedeutet „befühlen".

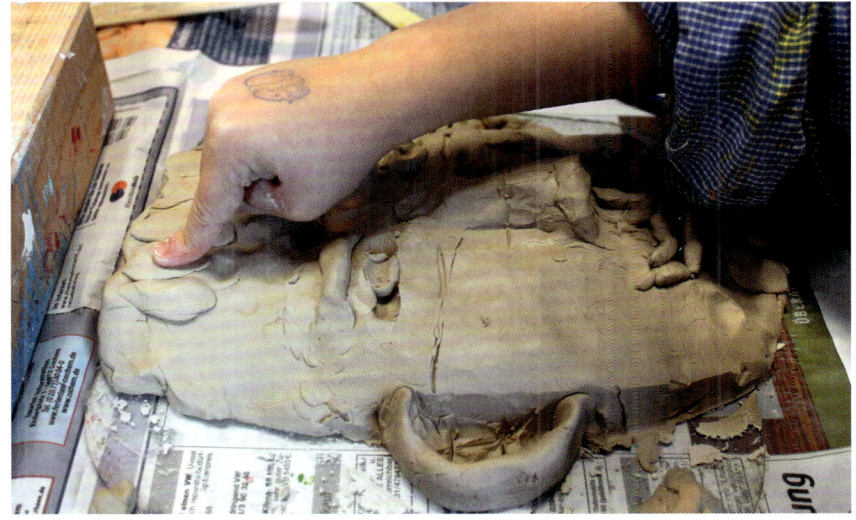

Je mehr man darüber nachdenkt, desto breiter wird die Skala der Möglichkeiten. „Tasten" ist nur eine. „Greifen", „fühlen", „formen" stecken die Richtungen ab, „empfinden" und „packen" setzen Akzente.

Das beste Werkzeug – und wir alle besitzen es – sind unsere Hände. Sie sind ein Universalwerkzeug und können – könnten – so vieles: Sie können nicht nur greifen, fühlen, formen, fassen, tasten und packen. Sie können auch streicheln, behüten, bewahren, festhalten, schlagen, drohen, zwicken, dirigieren, deuten, zeigen, sich erheben, reiben, drücken, klammern, rühren, tappen, zappeln, ruhen, schleifen, schreiben, tippen, tupfen, kratzen, reißen, knüllen, kleben, zusammenfügen, auseinanderziehen, formen, tragen, drehen, schrauben, spenden, auf- und entgegennehmen, halten, lenken, binden, leiten, nehmen, stoßen, heben, geben, spielen und vieles mehr ... und sie können gestalten!

Die Aufgabe von Pädagogen, Kunstpädagogen und Eltern ist es, bei Kindern und für sie alle Arten der Tasterfahrungen ins Bewusstsein zu heben, sie intensiv zu machen und verfügbar. Werden Hände vielseitig, sensibel und geschickt benutzt, entstehen Kunstwerke!

Gestaltungsaufgaben für Kopf, Herz und Hand

Sind unsere Kindertagesstätten und Schulen mit ihren leistungsorientierten Bildungs- und Lehrplänen überhaupt dazu in der Lage, Kinder ihre Kreativität ausleben zu lassen und auch „Kopf, Herz und Hand" mit einzubeziehen? Zielsetzungen wie Lesebasiskompetenz, mathematische Grundkompetenz und kognitive Kernkompetenz verbinden wir nicht mit Kreativität und Phantasie. Viele Erwachsene geben auch traurig zu, dass ihre Kreativität und Freude am Lernen im Laufe der Schulzeit verloren gegangen ist.

Wer mit kleinen Kindern arbeitet, weiß, dass die Fähigkeit zu Phantasie und Kreativität in jedem Menschen vorhanden ist. Dazu kommt bei Kindern diese ungeheure Neugier, dieser Wunsch nach Ausprobieren, Experimentieren und Tun. Das kann sogar bei Fächern wie Mathematik der Fall sein. Bei den meisten Menschen ist **dieses Fach mit negativen Erinnerun**gen besetzt. Das heißt aber nur, dass Mathematik womöglich falsch, nämlich mit Angst und Leistungsdruck, gelernt wurde. Das muss nicht sein. Im Gegenteil: Kleine Kinder haben in der Regel ein großes Interesse an Zahlen, und in den endogenen Bildformen der Kinderzeichnungen tauchen viele Grundformen auf, die Kinder später im Geometrieunterricht wieder in anderen Zusammenhängen kennenlernen. In den frühen Kinderzeichnungen benutzen kleine Kinder genau diese spröden, geometrischen Zeichen als Sinnzeichen. Diese Zeichen werden von den Kindern originell und in ty**pischen Kombinationen eingese**tzt.

Auch das Verhältnis von Groß und Klein interessiert Kinder sehr.

In Experimenten finden Kinder immer wieder Lösungen, die ihnen später das Verständnis von mathematischen Grundeigenschaften erleichtern. Wenn ein Kind mit einem Tonklumpen spielt, probiert es verschiedene Möglichkeiten aus. Ton lässt sich rollen, quetschen, drücken, schlagen, durchbohren, teilen, wieder zusammensetzen und im Prinzip in jede Form bringen. Aus einer großen Menge Ton kann das Kind viele kleine Teile machen. Dabei macht es eine mathematische Erfahrung. Nämlich die, dass der Ton seine Form verändert, seine Menge aber immer gleich bleibt. Wenn Kinder viele kleine und größere Tonklumpen zu kleinen und großen Schlangen ausrollen, den Ton zu einer runden Platte drücken, aus dieser Platte wiederum Formen ausschneiden und neu zusammensetzen, lernen sie spielerisch mathematische Grundeigenschaften. Ganz nebenbei eignen sich die Tonschlangen, Kugeln und Platten auch zum Bemalen und kreativen Gestalten.

In vielen Spielen und Gestaltungen werden auch Ordnungen und Beziehungen vermittelt. Steine, Blätter, Bauklötze, bunte Papiere, Hölzer usw. können nach Größen, Farben, For-

men usw. sortiert und in neue Kombinationen gebracht werden. Beim Mischen von Farben erleben die Kinder die Gesetze der Farblehre. Nach einem Gewitterregen entsteht durch die Lichtbrechung in den vielen mikroskopisch kleinen Wassertröpfchen ein Regenbogen am Himmel. Durch Lichtveränderungen ändern sich dann auch die Farben der Gegenstände, und diese Farben wiederum nehmen wir in komplementären Farbkombinationen viel intensiver und leuchtender wahr.

In den kreativen Nachmittags- und Kursangeboten der verschiedenen „Schulen der Phantasie", von „Kindermalschulen" und „Kinder- und Jugendkunstschulen" etc. können Kinder frei und ohne Leistungs- und Notendruck Dinge ausprobieren, Materialien erfahren, sich mit Themen auseinandersetzen, Gesetzmäßigkeiten entdecken, Neues erfinden und dies alles mit anderen Kindern erleben.

In Regelschulen, die sich die Förderung der kindlichen Phantasie und Kreativität zur Aufgabe gemacht haben, findet diese Förderung nicht nur in den musischen Fächern statt, sondern wird überall, auch in den sogenannten „Kernfächern", durchgeführt. In der von mir gegründeten Montessori-Kinderwerkstatt und im

Kinderatelier Rembrandt Vier gab es keinen „Frontalunterricht", sondern die Kurse waren eher wie eine „Kunstakademie für die Kleinen" aufgebaut.

Die Kinder erlebten zu Beginn jedes Nachmittags ein Spiel, eine Themenstellung, mit der Aufgabe, ihre Wahrnehmung zu verfeinern. Dadurch entstand eine Situation, in der die Sinne benutzt wurden, eine Situation der Entspannung und gleichzeitig der Konzentration, denn diese Aufgabe war mit keiner Leistungsmessung verbunden, sondern eher mit einem Assoziieren, einem Umkreisen des Wahrgenommenen. Aus diesen Erfahrungen fanden die Kinder ihre Themen, die sie dann umsetzen wollten, und dabei bekamen sie von den anderen Kursleitern und mir die Unterstützung, die sie brauchten.

Es entstanden Wünsche und originelle und wunderbare Themen, auf die ich selbst gar nicht gekommen wäre. Nur ein Beispiel: Marco und Petra, zwei Grundschüler, hatten im zarten Alter von sieben Jahren beschlossen, dass sie einmal heiraten würden. In der Kinderwerkstatt töpferten sie ihren Hochzeitskrug. Sie waren mit Feuereifer bei der Sache und entwickelten sogar einen Trick, um später auch wirklich einen 1-Liter-Krug zu haben. Während sie den Krug gemeinsam aus Tonwülsten aufbauten, überprüften sie immer wieder, ob auch wirklich ein Liter in den Krug passte. Sie steckten eine Plastiktüte in das Innere des Kruges, haben mit einem Messbecher einen Liter Wasser abgemessen, in die Tüte gegossen und auf diese Weise überprüft, ob der Krug schon groß genug war, um diesen Liter zu fassen. Das Wasser direkt in den noch weichen Tonkrug zu gießen, hätte zu materialtechnischen Problemen geführt, den noch nicht gebrannten Krug aufgeweicht und womöglich zerstört. Deshalb kamen die beiden von sich aus auf diesen Trick. Doch damit war noch nicht alles geklärt, denn anschließend entstand ein Streit zwischen ihnen, wer von ihnen bei der Hochzeitsfeier einschenken dürfte. Doch auch dieses Problem haben die beiden gemeistert, indem sie eben zwei Henkel an den Krug modelliert haben. Eine solche Lösung kann man sich als Lehrer gar nicht ausdenken, das sieht auch kein Lehrplan vor. Anschließend glasierten die beiden Kinder ihren Krug und beschrifteten ihn noch mit dem Text „1-Liter Hochzeit von Marco und Petra" (siehe Seite 113).

Das ist nur ein Beispiel, zeigt aber, wie Kinder in der richtigen Atmosphäre, dann, wenn sie sich trauen (dürfen), die Themen, die sie selbst und sehr persönlich gestalten möchten, zum Ausdruck bringen. In diesen Kinderateliergruppen wurden natürlich keine objektiv neuen Erfindungen und weltbewegende Dinge entwickelt. Doch haben die Kinder gelernt und erfahren, dass sie Probleme lösen können, dass ein Fehler nur ein Zwischenschritt zu einer Lösung ist, und dass sie andere Kinder und auch mich fragen können.

In einer künstlerisch-pädagogischen Umgebung haben Kinder die großartige Möglichkeit, kreative und sozialkompetente Lösungen zu finden. In einer solchen Umgebung ist – angeregt und begleitet von erfahrenen Künstler-Lehrern – eine Beschäftigung und auch eine Erziehung mit Kopf, Herz und Hand möglich!

Nur wenn Kinder von ihren Eltern, Lehrern bzw. Erziehern als Individuen akzeptiert und in ihrer Einzigartigkeit geliebt und geachtet werden, sind sie aufmerksam, motiviert, bereit und fähig, sich auf neue Erfahrungen einzulassen. Wir müssen Kinder nur mit offenen Sinnen, gelassen und klug beobachten und sie dort unterstützen und beraten, wo sie uns – und unsere Erfahrung – brauchen.

E. Paul Torrance hat die typischen Anzeichen kreativen Verhaltens bei Kindern und Jugendlichen (wie auch bei Erwachsenen) folgendermaßen beschrieben:

- intensives Vertieftsein beim Zuhören, Beobachten, Tun
- große Lebhaftigkeit und körperlicher Einsatz
- herausfordernde Ideen über Autoritäten
- Prüfen vieler Informationsquellen
- eingehendes Studium von Dingen
- ausgeprägtes Mitteilungsbedürfnis bei eigenen Entdeckungen
- Weiterführen einer kreativen Tätigkeit über die zugestandene Zeit hinaus
- Aufzeigen von Beziehungen zwischen scheinbar beziehungslosen Ideen
- Weiterverfolgen von angestoßenen Gedankengängen
- Anzeichen von Neugier, Wissensdurst, bohrendes Fragen
- Schätzen und Vorhersagen von Ergebnissen und anschließendes Prüfen
- ehrliches und intensives Suchen nach Wahrheit
- Fähigkeit, Ablenkungen zu widerstehen
- Verlieren des Zeitgefühls
- durchdringendes Beobachten und Fragen
- Suchen von Alternativen und Erforschen neuer Möglichkeiten. [27]

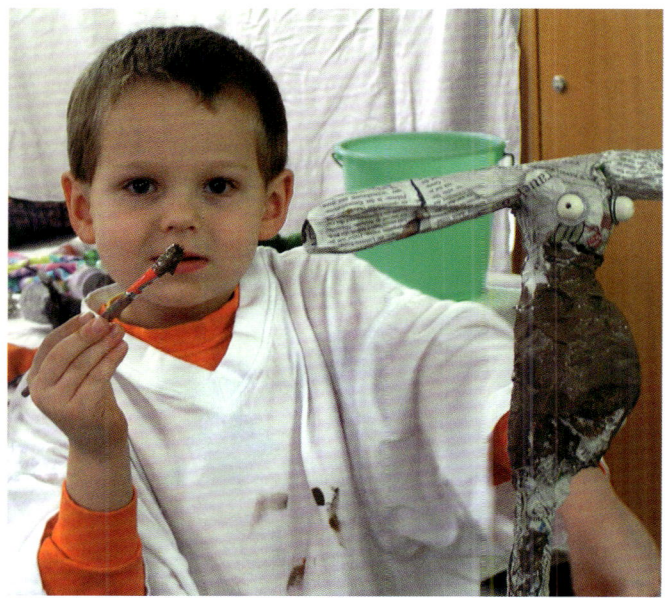

Kann sich künstlerische Förderung auf die Intelligenz und Persönlichkeitsbildung von Kindern auswirken?

In den aktuellen Diskussionen zum Thema Lernen und Bildung spielen die Neurowissenschaften eine große Rolle. Durch die Ergebnisse der neuen Hirnforschung ist die Intelligenzentwicklung in den ersten Kindheitsjahren allgemein bekannt geworden. Diese Ergebnisse sind es wert, sogar in die Schlagzeilen der Boulevardpresse zu kommen. „Musik macht klug" ist das neue Schlagwort und hat bei vielen Eltern zu einem „Förderwahn" geführt. Mit der bildenden Kunst geht man zum Glück etwas gelassener um. Da fehlen eben noch die entsprechenden Forschungsergebnisse. Vielleicht können diese auch gar nicht erbracht werden, weil bildnerisches Gestalten enorm vielseitig und vielschichtig sein kann. Doch dass Zeichnen und Malen für die Entwicklung der Kinder wichtig sind, muss jedem klar sein, der sich mit diesem Thema beschäftigt hat. Es ist ein Urtrieb, der hier zum Ausdruck

kommt. Eine wichtige, nicht zu unterschätzende Tatsache dabei ist, dass ein Kind auf seinem Bild Zeichen setzen kann. Es bringt etwas Gedachtes, etwas, das es sich „im Kopf vorgestellt" hat, auf das Blatt. Es drückt sich in Bildern aus und kann Bilder auch verstehen. In der Bildsprache unseres Alphabets müssen Kinder Zeichen kombinieren, schreiben und verstehen können.

Schreiben kann ein künstlerischer Vorgang sein und sollte wünschenswerterweise bei kleinen Kindern auch so vermittelt werden. Dabei unterscheiden Kinder am Anfang selbst nicht zwischen Schreiben und Zeichnen. Eine großartige Motivation, die wir auch für das Erlernen der Kulturtechniken viel mehr nutzen sollten.

Über die Künste lernte man die Eigenständigkeit der Bildsprache von

Kindern und Jugendlichen kennen und deuten. Über die Künste haben wir auch das Bild der Welt, das Weltbild der Kinder, die Eigenart ihres Denkens und Verstehens erfahren. Für viele Künstler des 20. Jahrhunderts war diese Fähigkeit, vom Wesen der Dinge her zu gestalten und nicht von ihrer äußeren Ansicht, Anregung und Herausforderung.

Reformpädagogen waren sich dessen immer bewusst. Ein ganz wesentlicher Faktor reformpädagogischer Überlegungen ist die Kunst: die Künste als Lernfeld, Kunst als Erziehung, die Bauhaus-Lehre, die Thesen des Kunstpädagogen Alfred Lichtwark, der seine Überlegungen als Leiter der Hamburger Kunsthalle in die Tat umsetzte und mit seinen Aktivitäten zu den Begründern der Museumspädagogik gehört. Seiner Initiative ist es zu verdanken, dass an der Hamburger Kunsthalle bereits 1896 eine Ausstellung über die Art und Weise, wie Kinder denken und gestalten, stattfand.

In einem künstlerischen Unterricht und bei jeder künstlerischen Tätigkeit geht es um Erfahrung, um die Rückgewinnung von Zeit, Muße und Gelassenheit, um einen Ausstieg aus den Verzweckungen, um eine differenzierte sinnliche Erfahrung. Es geht um das Verstehen anstelle von gespeichertem Wissen und um die Zuneigung zum Menschen.

Genau diese Voraussetzungen aber sind auch kreativitätsfördernd, und unter diesen Voraussetzungen kann man auch besser lernen. Das ist nicht wegzudiskutieren!

Eine weitere wichtige Beobachtung ist, dass es interessante Synergieeffekte zwischen der Kunst und den Lernfächern gibt. Lernen kann so anschaulich und sinnlich anregend sein.

Der Blick in ein Mikroskop lässt uns die Welt im unendlich Kleinen und in hochästhetischen Formen und Farben entdecken. Über diese Anschauung kann Interesse für die Dinge der Welt – und wie diese Dinge funktionieren – entstehen.

Unsere Welt kann von früh bis spät sinnlich und anregend sein. Und wir können sie mit unseren Sinnen wahrnehmen, unserem Intellekt Fragen stellen und die Welt mit unseren Händen in neue ästhetische Gestaltungen bringen.

Auch künstlerische Betätigung und Naturwissenschaften lassen sich verbinden. Allein die Beschäftigung mit Farben lässt uns nicht nur in Bilderwelten vordringen und uns in diesen ausdrücken. Das Erleben der Farben löst bei Kindern – und auch bei uns – viele Fragen aus. Die Frage z. B., warum der Himmel blau ist, morgens und abends die Sonne aber als rot glühender Feuerball am Horizont untergeht und ein grandioses Farbenspiel am Morgen- und Abendhimmel entsteht? Wie entsteht eigentlich der Regenbogen? Gibt es auch Farben in der Nacht? Warum sehen wir eigentlich Farben? Wie wirken Farben auf uns? Wo finden wir Signal- und Tarnfarben in der Natur, und welchen Grund haben diese? Warum wechselt das Chamäleon immer die Farben … Warum, warum? …

Kinder interessieren sich für diese Fragen und stellen sie uns nicht nur, sondern drücken die Beschäftigung mit diesen Themen auch in ihren Bildern aus.

Die Japaner sagen: „Das einzig Wahre ist der Traum!" Und ich träume davon, dass in einer neuen Pädagogik die Künste eine zentrale Rolle spielen werden!

6. Schule neu entdecken

Künstler als Lehrer –
Lehrer als Künstler

Können Künstler gute Lehrer sein, und müssen Lehrer Künstler sein? Die Frage ist nicht einfach mit „Ja" oder „Nein" zu beantworten. Natürlich können Künstler gute Lehrer sein, und für die „Ursprungsschule der Phantasie" waren in der ersten Konzeption bildende Künstler als Kursleiter bzw. Lehrer vorgesehen. Diese Künstler waren bereit, ihr eigenes Atelier für einige Stunden zu verlassen und mit Grundschulkindern künstlerisch zu arbeiten. In den Anfangsjahren waren dies vor allem Künstler, die – inspiriert von Rudi Seitz – bereit und auch fähig waren, kunstpädagogisch zu denken und zu arbeiten. Um sich auf die kunstpädagogische Praxis in den Schulen der Phantasie vorzubereiten, besuchten diese Künstler zuvor Seminare und Weiterbildungen. So vorbereitet und beglei-

tet, hatten sie dennoch die komplette künstlerische Freiheit in der Wahl der Themen und konnten diese vor dem Hintergrund der eigenen künstlerischen Auseinandersetzung überzeugend vermitteln. Damit waren sowohl Intensität als auch Authentizität in der künstlerisch-pädagogischen Arbeit gewährleistet.

Wenn Künstler jedoch – ohne ein entsprechendes pädagogisches Konzept – Kurse für Kinder übernehmen, kann das auch schiefgehen. Thomas Heyl, selbst Leiter einer „Schule der Phantasie", begründet dies folgendermaßen:

Um gerade im Grundschulbereich pädagogisch und kunstpädagogisch befriedigend mit Kindern arbeiten zu können, braucht es Einfühlungsvermögen, Wertschätzung, Fachwissen, methodisch-didaktische Fähigkeiten und Fertigkeiten und – und das ist vielleicht das Entscheidende – Liebe zu Kindern.

Für Rudolf Seitz war dieses Lehrerbild immer das Leitbild. In seiner Vorstellung war es absolut notwendig, dass Lehrer Begeisterung für ihr Fach aufbringen und diese Leidenschaft auch im Unterricht leben. Künstler-Lehrer zu sein, war für ihn der An-

spruch, und das bedeutete für ihn, nicht allein Wissensvermittler zu sein, sondern auch Mensch. Dabei sprach er immer von einem besonderen Vertrauensverhältnis, einer großen Wertschätzung und Sympathie zwischen Erwachsenem und Kind. „Wenn Sie Ihre Kinder wirklich gern haben, werden Sie mit Sicherheit nichts tun, was ihnen schadet. Im Gegenteil, Sie werden Ihr Augenmerk auf den Vorteil, den Nutzen, das Wohlbefinden der Kinder richten. Dann kann es eigentlich schon gar nicht mehr richtig danebengehen." Das ist vielleicht etwas lapidar gesagt, macht aber deutlich, wie

„Auch in anderen Zusammenhängen ist dieses Künstler-in-die-Schulen-Modell noch heute aktuell, doch vermag der externe Künstler-Lehrer als bessere Alternative zu einem Kunstpädagogen gerade für die Grundschüler nicht zu überzeugen: Das Verhaltens-, Leistungs- und Selbstbild der Kinder ist gerade heute brüchig und bedarf einer professionellen pädagogischen Begleitung."

(THOMAS HEYT)[28]

wichtig das Gesagte ist. Die Prämisse: „Wenn Sie Ihre Kinder wirklich gern haben" ist im Grunde genommen die einzig richtige. Sie ist aber so einfach, dass man sie in Pädagogen- und Künstlerkreisen kaum auszusprechen wagt. Diese besondere zwischenmenschliche Beziehung, die immer wieder zur gemeinsamen Bewältigung von Themen und Gestaltungsaufgaben einlädt, die ermutigt, auffordert und inspiriert, ist die Basis. Diese besondere zwischenmenschliche Beziehung hat einen Namen: nämlich Liebe.

Rudi Seitz macht in seiner Pädagogik immer wieder klar, wie wichtig es ist, Kinder ernst zu nehmen, sie ein Stück ihres Weges im Lernen, Experimentieren und Forschen zu begleiten und liebevoll zu fördern. Er macht uns darauf aufmerksam, dass in der Pädagogik das Heute **nicht immer auf** Morgen verschoben **werden darf.** Er spricht hier von den „verlorenen Tagen mit den Kindern". Dem setzt er die Bedeutung „des **augenblicklichen** Glücks" gegenüber. In diesem „augenblicklichen Glück" **kann der Künstler-** Lehrer sowohl Vorbild **wie liebevoller** Begleiter der Kinder sein.

Dies ist die größte Kunst in der Schule: mit Phantasie, Kreativität und Liebe zu den Kindern **und den Dingen** die Schule für und mit **den Kindern zu** gestalten.

„Wir wünschen uns einen Menschen, der in seinem Erleben nicht eingeengt ist durch schematisierte Gemeinvorstellungen, sondern der fähig ist, die Fülle seiner großartigen Sinneswahrnehmung in ihrer Differenziertheit hier und jetzt zu genießen.

Wir wünschen uns einen Menschen, dessen kreative Fähigkeiten so ausgebildet sind, daß er in Freiheit sich und seiner Umwelt ein Leben schafft, das den sich ändernden Bedürfnissen entspricht. Wir wünschen uns einen Menschen, der nicht engstirnig einem eingedrillten Denkschema gehorcht, sondern der sich der Komplexität menschlicher Erkenntnis und menschlichen Empfindens zugleich bewußt ist.

Wir wünschen uns einen Menschen, der für die kostbaren Werke der Kulturen zur Bereicherung seines Lebens aufgeschlossen ist. Wir wünschen uns einen Menschen, der wieder in der Lage ist, seine Umwelt so zu gestalten, daß er daran Freude hat. Wir wünschen uns einen Menschen, der sich der Relativität seiner eigenen Wertvorstellungen bewußt ist, der nicht nach abstrakten Idealen strebt, sondern nach einem glücklichen Leben und nach dem Glück seiner Mitmenschen."

(RUDI SEITZ)[29]

Die Schule der Zukunft

Unsere Schulen müssen wieder Lebensräume werden, in denen man einander zuhört, miteinander spricht und überlegt und miteinander träumt, in denen man zärtlich sein kann, sich hilft und tröstet. Dort muss es aber auch die Möglichkeit zum Alleinsein geben. In pädagogischen Einrichtungen, in denen Kinder sich wohlfühlen sollen, gehört das unweigerlich dazu: Man lebt miteinander – neben all dem Erlernen der „Kulturtechniken".

Wir müssen das Leben wieder zulassen und uns darauf einlassen. Dem Spiel der Kinder muss auch in den Schulen Raum gegeben werden, damit schöpferische Prozesse entstehen können. Dabei müssen die Sinne Anregungen und Nahrung finden.

Für eine solche „neue Schule" und eine andere Pädagogik gilt: Schulen müssen wieder wohnlich werden. Man muss sich wohlfühlen können. In ästhetisch und sinnlich anregenden Räumen, in einer klar und gut strukturierten Umgebung können Kinder eigenständiger lernen. Sie lernen, dass auch Fehler nur ein Umweg zu einer besseren Lösung sind, und dass Flexibilität zu neuen Ergebnissen führt.

Niemand wird bezweifeln, dass sich Menschen mit Phantasie und Kreativität in einer sich verändernden Welt besser zurechtfinden. Doch die Voraussetzungen dafür, dass wir mit Phantasie und Kreativität neue Lösungen fin-

den können, müssen auch in unserem Schulsystem gegeben sein.

Wenn ich unsere Lehrpläne und die Erziehungsziele kritisch durchforste, finde ich Sensibilität, Flexibilität, Assoziationsbereitschaft und Originalität kaum. Es reicht nicht, wenn Kinder dies „nur" in den Schulen der Phantasie erleben können. Schule der Phantasie kann überall sein. Das hängt von unserer Einstellung ab, und die müssen wir in Bezug auf die Schule noch einmal kritisch überdenken. Nicht nur wir, sondern vor allem auch unsere Politiker müssen umdenken. Die Lieblingsidee unserer Politiker ist seit Jahren: Innovation. Doch woher soll sie kommen?

Ob Innovation mit unseren Fächersystemen, Stundenplänen und so weiter zu erreichen ist, wage ich zu bezweifeln. Phantasie und Kreativität wird man auch auf Lehr- und Lernformen anwenden müssen.

Politisches Denken zu lernen heißt zunächst, lernen zu differenzieren, zu analysieren und zu überlegen, bevor Aktionen und Reaktionen gestartet werden. Es heißt, Grenzen zu erfahren und einzuhalten und Toleranz zu fördern aufgrund der genauen Kenntnis von Unterschieden, mit denen man leben lernen soll.

Wo endet die eigene Freiheit? Kann man Rechte gegeneinander abwägen, Rechte der Kinder, der Eltern, der Lehrer? Rechte von Mädchen und Jungen, von Jüngeren und Älteren, von Armen und Reichen, von Ausländern und Inländern?

Gibt es moralische Werte? Wir sollten mehr Eigenentscheidungen zulassen, Initiativgruppen unterstützen und Strategien entwickeln, um eigene Meinungen publik und verständlich zu machen und gegebenenfalls auch für sie kämpfen. Wir alle müssen lernen, Konflikte zu formulieren und auszu-

tragen. Wir müssen Spielregeln finden und uns an die Ordnungen halten.

Wir brauchen Kooperation statt Konkurrenz, müssen wieder den Wert von Freundschaften schätzen lernen. Das Gemeinschaftsleben muss wieder erfahrbar werden in allen pädagogischen Feldern und Gremien. Im Grunde müssten sich in allen pädagogischen Lebensbereichen die Grundstrukturen des Zusammenlebens in einer funktionierenden Gemeinschaft wiederfinden lassen und damit erlernbar werden. Dazu gehören Rituale ebenso wie eigene Verantwortung, Demokratieregeln und Individualität. Die Einmaligkeit des Selbst, die Würde und Unversehrbarkeit des Menschen müssen ge- und erlebt werden.

Die Erfahrung von anderen Sprachen und Bräuchen, Religionen und Philosophien, Weltbildern und Utopien holt globalere Zusammenhänge der „großen" Welt in die „kleine"

(Hartmut von Hentig). Kindergarten und Schule sind und bleiben Orte des Lernens. Die Kenntnisvermittlung ist aber nur ein Teil ihrer Aufgaben. Sie sind auch Orte der Erfahrung und des Lebens. Vieles ist nicht einfach und schon gar nicht selbstverständlich. Alle brauchen dabei Ermutigung, Hilfe und teilhabendes Interesse. Der aus dem Griechischen kommende Begriff Schule bedeutete früher einmal „Gespräch, Begegnung, Muße". Das sollte zurückerobert werden. Unsere Schulen müssen Kinder wieder auf ein erfülltes, sinnvolles Leben auf dieser Erde unter sich schnell verändernden Bedingungen vorbereiten und nicht nur auf das Arbeitsleben in einer Konkurrenzgesellschaft. Dazu werden Kulturtechniken zum Einsatz kommen müssen, die noch nicht zum tradierten Kanon gehören. Phantasie und Kreativität sind dabei grundlegend und unabdingbar.

Anforderungen von heute und morgen

Die sozialen, politischen und wirtschaftlichen Bedingungen haben sich für uns alle verändert. Deshalb brauchen wir ein verändertes Verhalten gegenüber neuen Problemstellungen, für die wir mit unserem tradierten Denken und Lernen schwerlich Lösungen finden werden.

„Die globale Lage ist kritisch und durch drei gefährliche Trends gekennzeichnet:

- Überbevölkerung und weiteres Bevölkerungswachstum, vor allem in den noch nicht voll entwickelten Ländern;
- Überkonsum und weiter wachsender Ressourcenverbrauch, vor allem in den entwickelten Ländern, auch zunehmend in den verschiedenen Schwellenländern;
- eine mittlerweile zu hohe Beschleunigung von Innovationsprozessen aller Art, die technisch bzw. ökonomisch vorangetrieben, aber nicht sozial kontrolliert werden."[30]

All das hat zu einer sozialen Destabilität geführt, wobei Ressourcen eingesetzt werden, deren endgültiger Verbrauch absehbar ist. Zudem werden Umwelt und Atmosphäre mit Schadstoffen überlastet, die eine äußerst langfristige Gefährdung darstellen. Im sozialen Bereich, der immer mehr von großer Labilität geprägt ist, beobachten wir eine zunehmende Entwicklung von Gewalt, Brutalität und Intoleranz. Auf der anderen Seite versagen internationale Allianzen in Krisenzeiten und vor ideologiebedingten Feindseligkeiten und Kriegen.

Auch der pädagogische Rahmen kann diese Tendenzen nicht abfedern. Trotzdem müssen internationale Verhandlungsinstanzen forciert werden, deren Lösungsvorschläge für alle gelten müssen. Die globale Belastung der Natur und der Menschen ist nur abzubauen in Verbindung mit einer Welthandelsordnung und einem völkerrechtlich verbindlichen Regelwerk, das auch Sanktionen auferlegen kann.

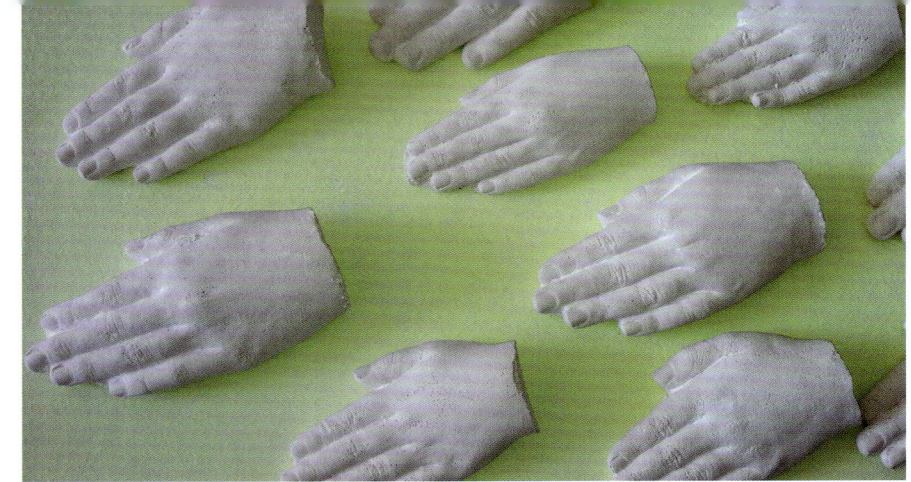

Die Menschheit wird sich bis zum Jahr 2020 auf 7,66 Milliarden Menschen erhöhen (1950 waren es 2,51 Milliarden Menschen). Laut einer Prognose der UN geht man für das Jahr 2100

von mehr als 10 Milliarden Menschen aus. Die Zahl ist für diese Erde bei Weitem zu hoch. Die Reduktion der Erdbevölkerung wird vor allem Aufklärungsarbeit, Abbau des Analphabetentums und die Emanzipation der Frauen in den aufstrebenden Ländern der „Dritten Welt" voraussetzen. Das Problem wird aber auch die reicheren Länder treffen, wo dies psychologisch und aufgrund missverstandener nationaler Identitäten sehr schwer vermittelbar sein wird.

Das soziale Gefälle führt zu zahlreichen militärischen Auseinandersetzungen, die oft auch noch eine ideologisch begründete Schubkraft bekommen – ausgeführt mit brutalstem Materialeinsatz, ohne Rücksicht auf Unschuldige jeden Alters. Dazu kommen riesige Völkerwanderungen, wirtschaftlich und politisch bedingt, mit denen auch der Einzelne in den reichen Ländern konfrontiert werden wird. Dies führt zu Angst und Hassreaktionen.

Nur eine Senkung unseres Ressourcenverbrauchs und unseres ungebremsten Materialeinsatzes kann eine endgültige Zerstörung unseres natürlichen Lebensraumes verhindern. Das bedeutet aber Einschränkung und Verzicht und eine Verringerung der sogenannten Lebensqualität. Der Ausbau der virtuellen und digitalen Möglichkeiten wird zu einem weiteren Abbau von Arbeitsplätzen führen. Die Neuinvestitionen werden in neue

Computer gesteckt, die entsprechende Maschinen steuern und viele Arbeitsplätze unnötig machen werden. Wir werden mit unseren Lohnsystemen, die aber innerhalb unseres Wirtschaftssystems nötig sind, auf Dauer als Standort nicht haltbar sein. Unsere „Rohstoffe" werden in zunehmendem Maß Know-how, innovatives Denken und die Braintrusts sein.

Es wird nötig werden, wesentlich mehr als bisher Lebensstandard und Kapital zu transferieren, um einen Ausgleich auf der Erde zu ermöglichen, sozialen Sprengstoff abzubauen und weitere Völkerbewegungen von Arm nach Reich zu stoppen. Wir dürfen unsere Augen nicht vor der Aufgabe verschließen, menschenwürdiges Leben überall auf der Erde zu ermöglichen.

Es wird nicht zu umgehen sein, die Waffensysteme, die Rüstungsindustrie und die entsprechenden Forschungs- und Produktionsstätten viel mehr noch als bisher abzubauen, die Kapazitäten auf Konflikt- und Friedensforschung umzupolen und die Mittel dazu zu verwenden, Schäden zu beheben und weitere zu verhindern. Was die Belastung unserer Natur anbelangt, ist 12 Uhr bereits überschritten.

Die Aufgabenstellung für uns kann keine Fortführung überkommener Entwicklungen sein, sie muss sich an der Zukunft und am besseren Lebensraum der heute jungen Menschen auf der ganzen Erde orientieren.

Sind wir als Pädagoginnen und Pädagogen auf diese Aufgaben vorbereitet? Können wir unsere Kinder darauf einstellen und sie befähigen, sich ihnen zu stellen und sie zu lösen? Wir werden nicht ausweichen können. Unsere Erde ist zu klein. Die Kommunikations- und Transportsysteme haben sie noch kleiner gemacht. Vor diesem Hintergrund, vor dieser Zukunft, wirken manche Lehrplandispute geradezu putzig und lächerlich. Die humboldtschen Bildungsideale werden nur in kleinen Nischen Platz behalten können. Die kulturelle Identität wird auch in Zukunft nötig sein, allerdings in anderen, neuen Zusammenhängen.

Und in all dem leben unsere Kinder und wir, mit allen unseren Freuden und mit unserem Schmerz, manchmal voll Kummer und Verzweiflung, an vielen Tagen aber auch voller Hoffnung und Zuversicht und mit dem Bedürfnis nach Zuneigung, Anerkennung, Liebe und Glück auf unserem kurzen Weg über diese Erde. Es sind alte und neue Aufgaben, die wir alle lösen müssen, wenn wir nicht uns und unseren Globus aufgeben wollen. Ohne Phantasie und Kreativität wird das nicht möglich sein. Aber – es ist zu schaffen!

Innovatives Lernen

Das Jahr 2009 wurde zum Europäischen Jahr der Kreativität und Innovation ernannt. Kreativität und Innovation waren die neuen Schlüsselkompetenzen und die Politiker wurden nicht müde, diese als besonders wichtig zu erklären. Doch mit dieser Forderung allein ist es nicht getan. Es stellt sich hier vor allem die Frage, wo in einem gesellschaftlichen Rahmen, der auf traditionellem Lernen aufbaut, dieses dringend benötigte innovative Lernen und seine Ergebnisse eigentlich herkommen sollen.

Wenn man weiß, wie schnell sich heute menschliches Wissen vervielfacht und über die digitalen Systeme innerhalb kürzester Zeit weitergegeben werden kann, kann es nicht mehr um ein Mehr von Wissensinhalten gehen, sondern um ein Weniger zugunsten von Verhaltensweisen, die sehr eng mit kreativem Denken, Problemfinden und -lösen zusam-

menhängen. Analyse und Synthese, Integration von Denkergebnissen in globalere Problemstellungen und Zusammenhänge sind vonnöten. Das ist die Innovation, um die es im Grunde geht und gehen muss. Das erfordert innovatives Lernen mit wertbestimmten Zielsetzungen, auf der Basis un-

serer persönlichen Erfahrungen und unter Zuhilfenahme aller technischen Möglichkeiten. In dem vom Club of Rome herausgegebenen Buch „Das menschliche Dilemma. Zukunft und lernen" ist diese Problemstellung für unser Lernen bereits 1979 klar formuliert:

„Im Zusammenhang mit globalen Problemen ist es wichtiger, von der Zukunft als von der Vergangenheit zu lernen ... Aber eine andere Art des Lernens ist noch wichtiger für das langfristige Überleben einer Gesellschaft, und zwar besonders in Zeiten der Unruhe, der Veränderungen und Diskontinuität. Es ist die Art des Lernens, die Veränderung, Erneuerung, Umstrukturierung und Transformation hervorbringen kann und die wir das innovative Lernen nennen wollen."[31]

Tradiertes Lernen gibt scheinbare Sicherheit. Wir müssen aber heute feststellen, dass diese Scheinsicherheit bestimmte Ereignisse und Krisen nicht in den Griff bekommt. Tradiertes Lernen dauert zu lange, dadurch werden Alternativen ausgeklammert, die in der Lage wären, sich wiederholende Krisen abzuwenden. Tradiertes Lernen macht immer mehr Menschen zu Außenseitern und entfremdet sie. Das führt zum Verlust der Würde des Menschen und seiner individuellen Verwirklichung. Wir müssen uns wieder die Sinnfrage stellen. Der Sinnbezug ist eine Voraussetzung für das Lernen. Ohne ihn müssen Informationen eben akzeptiert werden. Innovatives Lernen setzt Antizipation voraus. Diese veranlasst uns, Verantwortung für die Zukunft zu übernehmen und diese notfalls zu bestimmen.

Wir brauchen Werte! Die Ethik muss in der Pädagogik – und nicht nur hier – wieder ins Zentrum rücken, nicht als Wahlfach gegen Religion. Für die Entscheidungsfindung sind Wertvorstellungen unabdingbar. Kommen wir mit unserer heutigen Pädagogik auch nur in die Nähe von ethischen Wertvorstellungen?

Die globalen Probleme werden uns zu einer tief greifenden, universalen Umwandlung von Lernprozessen zwingen.

Um auf dieser Erde überleben zu können, wird man wesentlich mehr Forschung auf deren Erhalt, auf die Möglichkeit eines menschenwürdigen Zusammenlebens fokussieren müssen als auf Rüstung und Zerstörungsmechanismen. Man wird an Ausgleichs- und Angleichungsstrategien arbeiten müssen auf dem Bildungssektor, in der Frauenemanzipation und im wirtschaftlichen Bereich.

Das wird zu vielen, z.T. schmerzhaften, Veränderungen führen. Die Bereitschaft zu lebenslangem, innovativem Lernen ist dabei das Fundament. Dieselben Politiker, die so gern von Innovation sprechen, müssen diese auch ernst nehmen und ihr Misstrauen gegenüber Bürgerinnen und Bürgern aufgeben, deren Emanzipation auf der kreativen Fähigkeit, neue Denkinhalte in jeder Hinsicht hervorzubringen, beruht. Sie müssen positive Veränderungen für möglich halten, wenn viele autonome Einzelmenschen sich zusammen in den Dienst globalerer Aufgaben stellen und diese fördern, auch wenn das im Einzelfall ihre persönlichen Positionen relativiert, hinterfragt und Erklärungen oder Verteidigungen einfordert.

Das wird zu einer Veränderung von Lernprozessen führen, zu einem anderen Verhältnis von Lehrenden und Lernenden und zu einem anderen Umgang mit dem Unterrichtsstoff. Man wird nicht umhin kommen, vor

diesem Hintergrund Schule neu zu definieren. Phantasie, kreatives Denken und das Handeln aller Beteiligten werden hier einen essenziellen Beitrag leisten müssen und können.

Veränderungen im System werden auch durch kreative Anregungen von außen und durch Kooperationen mit externen Bildungsanbietern in Gang gesetzt. Ein interessantes, schulbegleitendes Projekt wurde von Maria-Theresia Kugelmann-Schmid von der Kunstschule Diedorf ins Leben gerufen. Das kunstpädagogische Team der Kinder- und Jugendkunstschule Diedorf hat einen mobilen, modularen „Erfahrungs-Lern-Bau-Kasten" für Schüler entwickelt und arbeitet im Projekt Bildarium® mit einer Reihe von Schulen und Studierenden der Kunstpädagogik der Universität Augsburg zusammen.

Lehrkräfte von Schulen und Kursleiter des Bildariums® engagieren sich hier zusammen für ein Lernen, das Begreifen und Handeln als Lerner-

fahrung anstrebt. Bei dieser Herangehensweise ist nicht nur die Bildwelt in das prozesshafte Lernen einbezogen, sondern auch Begegnung und Menschlichkeit sind es.

Das KunstWerk in Friedberg bei Augsburg bietet seit 1980 ungewöhnliche Kurse für Kinder, Jugendliche und Erwachsene an. Im Sinne von Joseph Beuys sozialer Plastik entstehen hier Projekte, die im sozialen Kontext zu interpretieren sind. Die Ergebnisse sind von beeindruckender Intensität, Dichte und hoher künstlerischer Qualität.

Ein interessantes Projekt wurde in der Schule der Fantasie Planegg und Martinsried in Kooperation mit der französischen Partnerstadt Meylan durchgeführt. Deutsche und französische Kinder gestalteten nach vorheriger gemeinsamer Planung kleine Reliefplatten aus Wachs zum Thema „Heimat". In einer Bronzegießerei wurden dann alle Wachsplättchen in Bronze gegossen und von den Kin-

dern im Rahmen einer gemeinsamen Besichtigung abgeholt. Eine örtliche Betongießerei unterstützte das Projekt ebenfalls und fertigte die großen Betonsockel, in welche die Bronzeplättchen eingesetzt wurden. Beim Aushub der Fundamente für die Sockel halfen die Kinder kräftig mit. Entstanden ist ein solches Ensemble von künstlerisch gestalteten Sockeln – sowohl als Sitz- wie auch als Spielgelegenheit – im „Parc de Meylan" in Martinsried. Es ist ein von Kindern geschaffenes Kunstwerk, das im Rahmen einer feierlichen Enthüllung der Öffentlichkeit übergeben wurde. Die Kinder waren völlig frei in der Wahl ihrer Motive; sie erlebten den handwerklichen Prozess gemeinschaftlich.

Gerade in Zeiten von Internet und digitalen Medien brauchen Kinder konkrete Materialien, Aufgaben und Herausforderungen. Wenn jeder auf seine Art und Weise zum guten Gelingen eines Projekts beträgt und das daraus entstandene Kunstwerk

dann auch die Anerkennung der Öffentlichkeit findet, trägt das bei allen Beteiligten zu einem stärkeren Gemeinschaftsempfinden und zu mehr Selbstwertgefühl bei. Vor dem Hintergrund der veränderten Lebens- und Lernbedingungen von Kindern kann es keinen lehrerzentrierten Frontalunterricht mehr geben, sondern wir brauchen einen offenen Unterricht mit den Möglichkeiten der Freiarbeit und keine festen Zeitfenster, sondern dynamische Prozesse. Solche Prozesse benötigen einen offenen, aber sinnvoll und klar strukturierten Rahmen. Kreative Prozesse brauchen Zeit und praktische Phasen der kreativen Lösungsfindung.

Der Club of Rome hat vorgeschlagen, dass alle Kinder dieser Welt einen Tag pro Woche außerhalb der Schule arbeiten und dass Universitäten direkt in die Entwicklungsprojekte der Gesellschaft einbezogen werden sollten. Was könnte sich ändern, würde dieser Vorschlag umgesetzt!

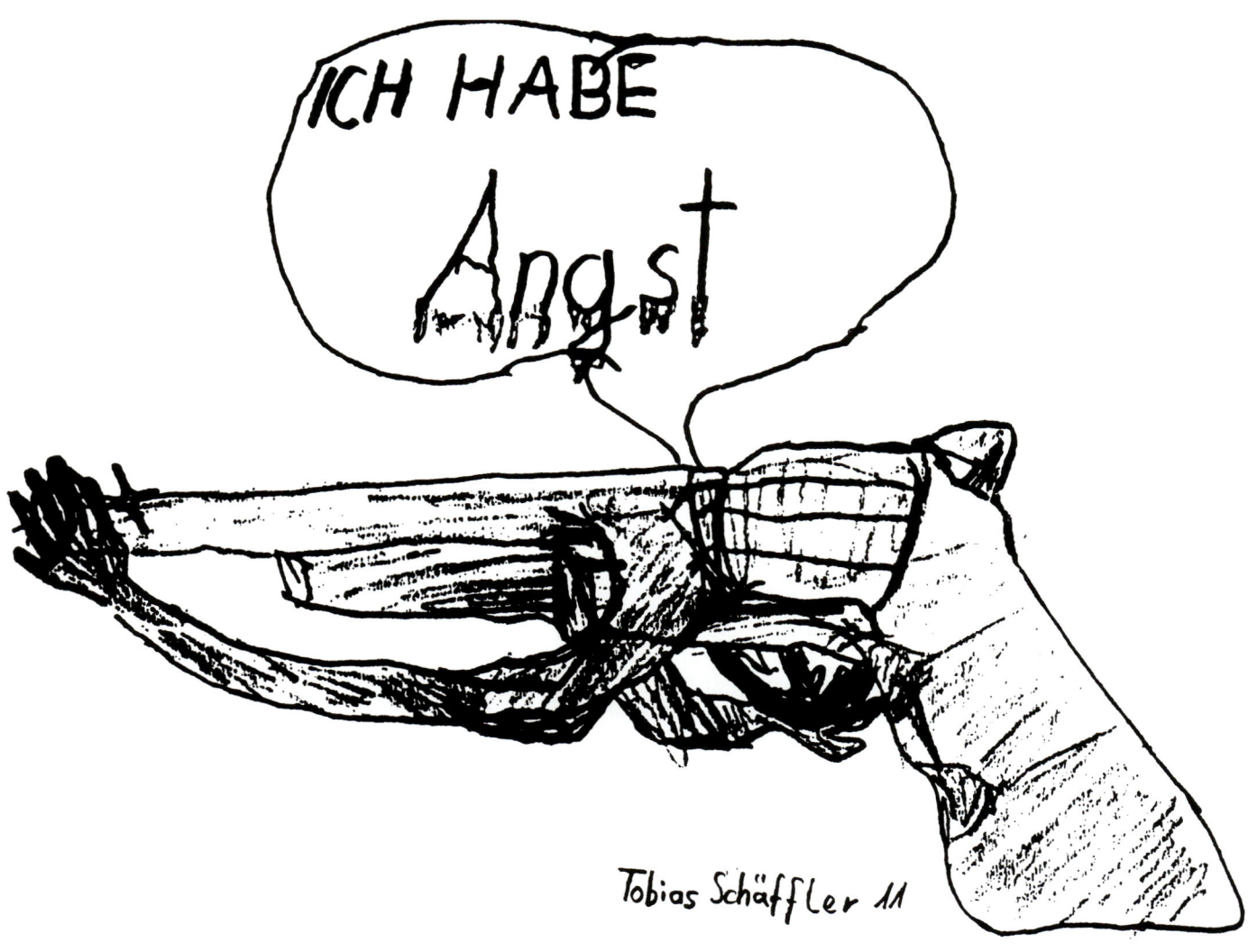

Kreativität und moralische Werte

Können Kreativitätserziehung und Erziehung per se frei sein von moralischen Regeln? Die Antwort ist eindeutig: nein! Es wird also eine neue Moral zu entwickeln sein oder vielleicht auch nur eine alte wieder neu formuliert und ernst genommen werden müssen.

Die Zeiten sind mit Sicherheit vorbei und unter keinem Standpunkt mehr zu vertreten, in denen das oberste Bildungsziel des Erziehungsgefüges eines deutschen Bundeslandes die „allgemeine Studierfähigkeit" der Schülerinnen und Schüler sein konnte. So war Detlef Hörster schon 1996 der Überzeugung,

„... daß nur eine moralische Haltung des Einzelnen einer Gemeinschaftsgefährdung durch Gewalt und Menschenverachtung entgegenwirkt."[32]

Moralische Regeln ergeben sich aus Erfahrung, Einsicht und Verantwortung im Zusammenleben mit anderen Menschen. Sie verlangen immer wieder nach subjektiven Entscheidungen, nach Mut und innerer Konsequenz. Moralische Regeln haben mit dem eigenen Selbst zu tun und sind innere Triebfedern für Handeln und Entscheiden, unabhängig von äußeren Bedingungen. Hörster schreibt:

„Bei der Befolgung moralischer Vorschriften handelt es sich um eine zentrale Fähigkeit des Menschen als Mitglied der Gemeinschaft."[33]

Die eigenen moralischen Vorschriften bestimmen Schuld, Schuldgefühl und Schuldbewusstsein und formen das Gewissen. Ein moralisches Bewusstsein kann sich letztlich aber nur entwickeln in einer funktionierenden zwischenmenschlichen Beziehung. Schon deshalb ist ein Klima, in dem der Wert und die Würde des Einzelnen geschätzt und geschützt werden, von fundamentaler Bedeutung. Immanuel

Kant hat das in seinem kategorischen Imperativ allgemeingültig formuliert:

> „Handle so, dass die Maxime deines Willens jederzeit zugleich als Prinzip einer allgemeinen Gesetzgebung gelten könnte."
>
> (IMMANUEL KANT)

Durch zwischenmenschliche Beziehungen werden, so Hörster, auch rechtliche Regeln erfahren und gelernt, die objektive Steuerungen des Zusammenlebens sichern:

„Moral konstituiert sich durch Regelkenntnis und moralische Haltung, die über Bezugspersonen vermittelt werden. Es handelt sich um einen Prozeß der Umweltanpassung, in dem die Bezugspersonen Hilfestellung leisten. Moralische Werte sind verinnerlicht und Bestandteil der Identität. Rechtsnormen sind äußerlich. Moralische Regeln erlauben einen Handlungsspielraum, rechtliche nicht."[34]

Nicht zuletzt hier wird deutlich, wie wesentlich die Vorbildhaltung der Eltern, der Erzieher, der Lehrkräfte für die Ausbildung moralischer Werte beim Kind und Jugendlichen sind.

Reaktionen, Urteile, Verhaltensweisen werden nicht nur beobachtet, sie werden mit den Bezugspersonen zusammen oder über sie gelernt. Die Verantwortung für die Grundlegung einer humanen Gesellschaft ist nicht zu delegieren.

„Stilbildend" und folgenreich sind in dieser Situation auch der Mut und die Zivilcourage der Bezugsperson. Hat sie den Mut, sich zu exponieren, wenn sie der Meinung ist, hier geschieht Unrecht? Lässt sie das Nein auch zu? Nicht zu schweigen, wegzuschauen und feige zu sein, sondern im richtigen Moment aufrecht zu stehen – ein solches Verhalten braucht unsere Gesellschaft und Demokratie. Es kann keine Kreativitätsförderung geben ohne Wertvorstellungen, und es darf keine Kreativitätsförderung geben, die sich nicht an der Humanitas misst.

Gepaart mit dem Mut, im rechten Augenblick, ohne Rücksicht auf persönliche Nachteile, Nein zu sagen, wenn die Würde der jüngsten Mitmenschen angetastet wird, könnte dies unsere Gesellschaft und unser eigenes Verhalten menschlicher werden lassen. Auch wenn das eine Vision und eine Utopie sein mag, sie muss die moralische Richtschnur unseres Handelns sein. Viele schreckliche Dinge der jüngeren Geschichte wären nicht geschehen, wenn viele Einzelne rechtzeitig Nein gesagt hätten.

Die Künstlerin Rose Maier Haid hat an der Kunstschule Rose Maier Haid in Friedberg ein sehr spannendes Projekt durchgeführt. Sie hat zusammen mit Schülern aus Grund- und Hauptschulen ein Abrüstungsprojekt gestartet. Für die Aktion „Kann ohne Ka no ne" haben die Kinder ihre Spielzeugwaffen mit der Künstlerin zusammen „entschärft" und mithilfe ihrer Phantasie gestaltet und verändert: Sie haben die Spielzeugwaffen mit Stacheldraht umwickelt, eingegipst, mit Gedichten bedacht, in manche der Waffen haben die Kinder Federn und Blumen gesteckt und sie mit Farben verändert. Mit diesem Projekt sollen eine bewusste Einstellung zu Waffen und ihrer Verwendung angeregt und in offenen Diskussionen mit den Kindern zusammen kreative und friedliche Lösungen gefunden werden. Es gilt, sich eine Welt ohne Waffen vorzustellen und klarzumachen, dass man mit einer Pistole auch etwas anderes tun kann, als damit zu schießen. Denn schließlich kann man alles auch auf eine andere Art und Weise anpacken und denken, als man es vorgelebt bekommt und es zu tun gewohnt ist. Damit wächst im Sinne des Kunst-Werks der sozialen Plastik von Rose Maier Haid das „Erfinderische" im Menschen:

„Es gibt einen phantastischen Bereich, den wir erobern könnten. Unser Werkzeug ist der besondere Gedanke, dieser könnte auf der ganzen Welt der Kinder und der Kunst zu Hause sein."

(ROSE MAIER HAID)[35]

Kreativitätserziehung ist wesentlich mehr als eine schwerpunktmäßig musische Erziehung. Kreativitätserziehung ist ein Beitrag auf dem Weg zum mündigen Menschen! Zu einem Menschen, der Wertvorstellungen kritisch hinterfragen kann und trotzdem den Zugang zu der Kraft in seinem Innersten nicht verliert.

Wir werden all unsere Phantasie und unsere Kreativität, unseren Mut und unsere Kraft zusammennehmen müssen, um endlich positivere Entwicklungen für unseren gesamten Erdball einzuleiten.

Wenn wir die Phantasie und Kreativität unserer Kinder und der uns anvertrauten jungen Menschen fördern und mit ihnen die Zivilcourage, in noch so kleinen Schritten, üben, brauchen wir die Hoffnung nicht aufzugeben.

7. Statt eines Nachworts

Nicht vergessen!

Rembrandt sagte:

„Nimm den Pinsel in
die Hand, und fange an!"

Die Kinder in der Kunstschule
Rose Maier Haid in Friedberg sagen:

```
Ich kann dichten
Mama
und besser malen
als du, Papa
kann rennen
und flennen
endlos viel sagen
und noch mehr fragen
dazu den schnellsten
Purzelbaum schlagen
geht mein Kopf
nur knapp
über euren Nabel
habe ich doch den
mutigsten Schnabel
```

(ROSE MAIER HAID)[36]

Wenn wir einmal verstanden haben,
dass ein Kind, das voll Farbe ist,
„farbig" und nicht „schmutzig" ist,
kann es schon nicht mehr
ganz schief gehen ...

(RUDOLF SEITZ)

Literatur

Aissen-Crewett, Meike 1988:
Kinderzeichnungen verstehen.
Von der Kritzelphase bis zum
Grundschulalter. München

Arnheim, Rudolf 1965:
Kunst und Sehen. Eine Psycholo-
gie des schöpferischen Auges.
Berlin

Arnheim, Rudolf 1980:
Anschauliches Denken. Zur
Einheit von Bild und Begriff.
Frankfurt

Bachmann, Helen I. 1993:
Malen als Lebensspur. Die
Entwicklung kreativer bildlicher
Darstellung. Ein Vergleich mit
den kindlichen Loslösungs- und
Individuationsprozessen. Stuttgart

Bareis, Alfred 1992:
Vom Kritzeln zum Zeichnen und
Malen. Bildnerisches Gestalten
mit Kindern. Donauwörth

Bastian, Hans W. 1990:
Naturfarben selbst gemischt.
Rezepte fürs Heimwerken ohne
Gift. Hannover

Baumgardt, Ursula 1988:
Kinderzeichnungen – Spiegel der
Seele. Kinder zeichnen Konflikte
ihrer Familie. Zürich

Becker-Textor, Ingeborg 1991:
Kreativität im Kindergarten.
Anleitung zur kindgemäßen Intel-
ligenzförderung im Kindergarten.
Freiburg u.a.

Bilstein, Johannes / Guido Reuter
(Hg.) 2011:
Auge und Hand. Oberhausen

Björck, Christina / Lena Anderson
1988: *Linnéa im Garten des*
Malers (Monet). München

Bohn, Ernst 1989:
Malen und Zeichnen. Kinder
ent-decken ihre Kreativität.
Zürich u.a.

Bostelmann, Antje / Heiko Mattschull
1999:
Bananenblau und Himbeergrün.
Ein Werkstattbuch. Berlin

Braun, Anne 1967:
Kinderzeichnungen aus aller Welt.
Frankfurt

Brookes, Mona 1986:
Drawing with Children. Los
Angeles (deutsche Übersetzung:
1990: Zeichnen lernen mit Kindern. Hamburg)

Brunner, Christina / Cornelia Vo-
gelsanger (Hg.) 1992:
Teju zeichnet. Aus den Malheften
einer indischen Familie. Zürich

Daucher, Hans M. (Hg.) 1990:
Kinder denken in Bildern.
München u.a.

Daucher, Hans M. / Rudolf Seitz
1982: *Didaktik der bildenden*
Kunst (1970). München

Deutsches Jugendinstitut (Hg.) 1994:
Handbuch Medienerziehung im
Kindergarten. Teil 1: Pädagogi-
sche Grundlagen. Opladen

Deutsches Jugendinstitut (Hg.) 1995:
Handbuch Medienerziehung im
Kindergarten. Teil 2: Praktische
Handreichungen. Opladen

Di Leo, Joseph H. 1992:
Die Deutung von Kinderzeich-
nungen. Karlsruhe

Doehlemann, Martin 1985:
Die Phantasie der Kinder und
was Erwachsene daraus lernen
können. Frankfurt

Düchting, Hajo 2009:
Farbrausch. Die Farbe in
der Malerei. Stuttgart

Egen, Horst 1977:
Kinderzeichnungen und Umwelt.
Bonn

Egger, Bettina 1991:
Bilder verstehen. Wahrnehmung
und Entwicklung der bildne-
rischen Sprache.
Bern u.a.

Eichmeier, Josef / Oskar Höfer 1974:
Endogene Bildmuster.
München u.a.

Eid, Klaus / Michael Langer / Hakon
Ruprecht 1992:
Grundlagen des Kunstunterrichts.
Wien u.a.

Evanschitzky, Petra 2009:
Erkenntnisse der Hirnforschung
in Bezug auf Kreativitätsförde-
rung. In: Braun, Daniela /
Bettina Wardelmann (Hg.):
Von Piccolo bis Picasso.
Offensive Bildung.
Berlin u.a. S. 36 – 46

Fineberg, Jonathan David 1995:
Mit dem Auge des Kindes.
Kindererziehung und moderne
Kunst. Hg. von Friedel,
Helmut / Josef Helfenstein.
Ausstellungskatalog Lenbach-
galerie. München

Fink, Michael 2001:
Zauberschwert und Computer-
schrott. Geschichten aus
der Bauwerkstatt.
Berlin

Fuchs-Waser, Angelika 1992:
Papier schöpfen und gestalten.
Aarau

Gockel, Cornelia / Johannes
Kirschenmann (Hg.) 2010:
Orientierung in der Gegenwarts-
kunst. Seelze
Grätz, Eva 1978:
Zeichnen aus dem Unterbewusst-
sein. Stuttgart
Grötzinger, Wolfgang 1966:
Kinder kritzeln, zeichnen, malen.
Die Frühformen kindlichen
Gestaltens. München
Haines, Susanne 1991:
Arbeiten mit Papiermaché. Vorla-
gen und Anleitungen. Augsburg
Itten, Johannes 1961:
Kunst der Farbe. Ravensburg
Itten, Johannes / Anneliese Itten 1995:
Arbeitsmaterialien zur Farben-
lehre. Ravensburg
Itten, Johannes / Anneliese Itten 1996:
Der Farbstern. Ravensburg
Jentschura, Eva 1998:
Planzenfärben ohne Gift.
Neue Rezepte zum Färben von
Wolle und Seide. Stuttgart
John-Winde, Helga 1981:
Kriterien zur Bewertung der
Kinderzeichnungen. Empirisch-
pädagogische Längsschnittun-
tersuchung zur Entwicklung der
Kinderzeichnung vom
1. zum 4. Schuljahr unter Berück-
sichtigung des sozio-ökonomi-
schen Status. Bonn
John-Winde, Helga / Gertrud
Roth-Bojadzhiev 1993:
Kinder, Jugendliche, Erwachsene
zeichnen. Eine Untersuchung zur
Veränderung von der Kinderzeich-
nung zur Erwachsenenzeichnung.
Hohengehren

Kirchner, Constanze 2001:
Kinder und Kunst der Gegenwart:
Zur Erfahrung mit zeitgenössi-
scher Kunst in der Grundschule.
Seelze.
Kirchner, Constanze 2008:
Kinder & Kunst. Was Erwachsene
wissen sollten.
Seelze
Kirchner, Constanze / Marie-Luise
Dietl (Hg.) 2002:
Bildnerisch gestalten in der
Grundschule. KUNST+
UNTERRICHT *Sammelband.*
Seelze.
Kirchner, Constanze / Johannes
Kirschenmann / Monika Miller
(Hg.) 2010:
Kinderzeichnung und jugendkul-
tureller Ausdruck. Forschungs-
stand – Forschungsperspektiven.
(Schriftenreihe Kontext Kunst-
pädagogik Band 23)
München
Kirchner, Constanze / Georg Peez
2009: *Praxis Pädagogik: Kreativi-*
tät in der Grundschule erfolgreich
fördern. Braunschweig.
Kirschenmann, Johannes /
Constanze Kirchner 2009:
Praxis und Konzept des Kunst-
unterrichts – heute. Didaktische
Orientierungen im kunstpäda-
gogischen Handeln.
In: KUNST+UNTERRICHT
Heft 334 / 335. S. 4 – 13
Kirschenmann, Johannes / Barbara
Lutz-Sterzenbach (Hg.) 2011:
Modelle, Erfahrungen, Debatten.
(Schriftenreihe Kontext Kunstpä-
dagogik Band 27) München

Kobbert, Max J. 2011:
Das Buch der Farben. Darmstadt
KUNST+UNTERRICHT Heft 299
(2006): *Erfinder*
Le Bohec, Paul / Michèle Le Guillou
1993: *Patricks Zeichnungen. Er-*
fahrungen mit der therapeutischen
Wirkung des freien Ausdrucks.
Bremen
Le Saux, Alain / Grégoire Solotareff
1994: *Das kleine Museum.*
Frankfurt
Leuschner, Christina / Andreas Kroke
(Hg.) 2012:
Selbst entdecken ist die Kunst!
Ästhetische Forschung in der
Schule. München
Löscher, Wolfgang (Hg.) 1994:
Vom Sinn der Sinne. Spielerische
Wahrnehmungsförderung für
Kinder. München
Lowenfeld, Viktor 1957:
Die Kunst des Kindes. Frankfurt
Lowenfeld, Viktor 1960:
Vom Wesen schöpferischen
Gestaltens. Frankfurt
Lowenfeld, Viktor / W. Lambert
Brittain 1982: *Creative and*
mental Growth. New York
Lutz, Christian 1980:
Kinder und das Böse. Stuttgart
Meyer, Helga 1996:
Papiermaché. Ideen und Techni-
ken für kreatives Gestalten. Bern
Michalski, Ute / Tilman Michalski
1991: *Werkbuch Papier.*
Ravensburg
Michalski, Ute / Tilman Michalski
1995: *Basteln. Mit Holz, Papier,*
Wolle, Ton, Blech, Knete.
Ravensburg

Michalski, Ute/Tilman Michalski 1999: *Kunterbunter Bastelspaß. Kinderleicht basteln mit Holz, Papier, Knete und Filz.* München

Michalski, Ute/Tilman Michalski 2002: *Das Ravensburger Werkbuch Holz.* Ravensburg

Micklethwait, Lucy 1994: *Erste Wörter. Berühmte Bilder.* München

Milner, Marion 1988: *Zeichnen und Malen ohne Scheu. Ein Weg zur kreativen Befreiung.* Köln

Muhrbeck, Anette 2004: *Die Töpferwerkstatt für Kinder. Experimentieren und kreatives Gestalten mit Ton.* Hg. von Bostelmann, Antje/Thomas Metze. München

Pacovská, Kveta 1992: *grün rot alle. Ein Farbenspielbuch.* Ravensburg

Paetau Sjöberg, Gunilla 1995: *Filzen. Alte Tradition – modernes Handwerk.* Bern

Parramón, José M. 1993: *Der Maler und seine Farben. Eine Anleitung mit aktualisierter Farbenlehre.* Frankfurt

Parramón, José M. 1993: *Wie mische ich Farben richtig? Eine umfassende praktische Untersuchung mit Öl- und Aquarellfarben und eine visuelle Studie mit fortschreitendem Schwierigkeitsgrad über die Kunst des Farbmischens.* Frankfurt

Pawlik, Johannes 1969: *Theorie der Farbe.* Köln

Pertler, Cordula M. 1992: *Kinder erleben große Maler. Modelle für Erzieher, Lehrer und Eltern.* München

Piaget, Jean 1969: *Nachahmung, Spiel und Traum.* Stuttgart

Piaget, Jean 1974: *Theorien und Methoden der modernen Erziehung.* Frankfurt

Piaget, Jean 1975: *Der Aufbau der Wirklichkeit beim Kinde.* Stuttgart

Piaget, Jean 1980: *Das Weltbild des Kindes.* Frankfurt u.a.

Piaget, Jean/Bärbel Inhelder 1976: *Die Entwicklung des räumlichen Denkens beim Kinde.* Stuttgart

Puchner, Willy 2011: *Willy Puchners Welt der Farben.* St. Pölten u.a.

Reichert, Edda 1994: *Batiken mit Naturfarben.* Bern

Reuys, Eva/Hanne Viehoff 1991: *Feste kreativ gestalten. 1000 Ideen für Kindergruppen.* München

Ringer, Angela 1994: *Marmorpapier.* Nürnberg

Ruprecht, Hakon 1987: *Zeichnen. Das Erlebnis der Linie. Ein Handbuch.* München

Saddington, Marianne 1992: *Papierkunst. Schöpfen – färben – gestalten.* München

Schetty, Sylvia A. 1974: *Kinderzeichnungen – eine entwicklungspsychologische Untersuchung.* Zürich

Schmid, Gregor 1986: *Mal- und Zeichenspiele in der Gemeinschaft.* München

Schmögner, Walter 1976: *Das unendliche Buch.* Frankfurt

Schmögner, Walter 1982: *Das Drachenbuch.* Frankfurt

Schreibmayr, Marita 1997: *Mit Ton und Phantasie. Elementares keramisches Gestalten mit Kindern.* München

Schütz, Norbert 1990: *Die Raumdarstellung in der Kinderzeichnung.* Essen

Schuster, Martin 1990: *Die Psychologie der Kinderzeichnung.* Berlin

Schuster, Martin 1994: *Kinderzeichnungen. Wie sie entstehen, was sie bedeuten.* Berlin u.a.

Schuster, Martin 2011: *Picasso kann jeder?! Kreativität im Alltag.* Stuttgart

Schweppe, Helmut 1992: *Handbuch der Naturfarbstoffe.* Landsberg

Seitz, Marielle 1997: *Urformen – Quellen der Phantasie. Einführung und Anregungen für die pädagogische Praxis.* München

Seitz, Marielle 2001: *Schreib es in den Sand. Spielerisches Zeichnen zur Förderung von Konzentration, Feinmotorik und Bewegungskoordination.* Schorndorf

Seitz, Marielle 2006: *Kinderatelier. Experimentieren, Malen, Zeichnen, Drucken und dreidimensionales Gestalten.* Seelze

Seitz, Marielle / Ursula Hallwachs 1995: *Montessori oder Waldorf? Ein Orientierungsbuch für Eltern und Pädagogen.* München

Seitz, Marielle / Wolfgang Löscher 2002: *Rudi Seitz. Ein Leben für die Phantasie.* München

Seitz, Marielle / Rudolf Seitz 1998: *Rot, Gelb, Blau und alle Farben. Grundlagen und Spielideen für die pädagogische Praxis.* München

Seitz, Marielle / Rudolf Seitz 2009: *Kreative Kinder. Das Praxisbuch für Eltern und Pädagogen. Hg. und bearbeitet von Seitz, Marielle.* München

Seitz, Rudolf 1983: *Ästhetische Elementarbildung. Ein Beitrag zur Kreativitätserziehung.* Donauwörth

Seitz, Rudolf 1984: *Ich mach dich fröhlich. Kinder zeichnen, wie sie helfen können.* München

Seitz, Rudolf (Hg.) 1984: *Spiele mit Licht und Schatten.* München

Seitz, Rudolf (Hg.) 1991: *Masken. Bau und Spiel.* München

Seitz, Rudolf 1991: *Schöpferische Pausen. Besinnen – genießen – da sein.* München

Seitz, Rudolf 1992: *Seh-Spiele. Sinnvolle Frühpädagogik.* München

Seitz, Rudolf 1992: *Tast-Spiele. Sinnvolle Frühpädagogik.* München

Seitz, Rudolf 1993: *Kunst in der Kniebeuge. Ästhetische Elementarerziehung.*

Beispiele, Anregungen, Überlegungen. München

Seitz, Rudolf 1993: *Zeichnen und Malen mit Kindern. Vom Kritzelalter bis zum 8. Lebensjahr.* München

Seitz, Rudolf 1995: *Was hast du denn da gemalt? Wie Kinder zeichnen und was Eltern, Erzieherinnen und Lehrkräfte dafür tun können.* München

Seitz, Rudolf 1998: *Phantasie und Kreativität. Ein Spiel-, Nachdenk- und Anregungsbuch.* München

Seitz, Rudolf / Horst Beisl 1986: *Materialkiste. Anregungen zur ästhetischen Erziehung im Kindergarten.* München

Seitz, Rudolf / Gabriele Forchheimer 1994: *Senioren sind kreativ. Anregungen und Modelle.* München

Seitz, Rudolf / Trixi Haberlander 1989: *Schule der Phantasie. Kinder und Künstler werken, malen, bauen, spielen.* Ravensburg

Seitz, Rudolf / Münchner-Team 1994: *Kinderatelier. Malen, Zeichnen, Drucken, Bauen.* Ravensburg

Senatsverwaltung für Jugend und Familie (Hg.) 1991: *Hundert Sprachen hat das Kind. Dokumentation einer Tagung über Reggio Emilia / Italien.* Berlin

Smith, Keri 2011: *Wie man sich die Welt erlebt. Das (Kunst-)Alltagsmuseum zum Mitnehmen.* München

Staudte, Adelheid 1977: *Ästhetisches Verhalten von Vorschulkindern. Eine empirische Untersuchung zur Ausgangslage für Ästhetische Erziehung.* Weinheim u.a.

Strauss, Michaela 1988: *Von der Zeichensprache des kleinen Kindes. Spuren der Menschwerdung.* Stuttgart

Stritzker, Uschi / Georg Peez / Constanze Kirchner 2008: *Frühes Schmieren und erste Kritzel. Anfänge der Kinderzeichnung.* Norderstedt

Van de Loo, Otto (Hg.) 2005: *Kinder. Kunst. Werk. Künstlerisches Arbeiten mit Kindern und Jugendlichen. Ein Handbuch.* München

Vry, Silke 2008: *Die Farben in der Kunst entdecken. Forschen – Spielen – Verstehen.* München

Wehlte, Kurt 1967: *Werkstoffe und Techniken der Malerei.* Ravensburg

Widlöcher, Daniel 1974: *Was eine Kinderzeichnung verrät. Methode und Beispiele psychoanalytischer Deutung.* München

Wölfel, Karin / Ulrike Schrader 1997: *Farbspiele mit Kindern. 41 verschiedene Farb- und Maltechniken für Kinder ab 2 Jahre.* München

Wüst, Ruth / Jürgen Wüst 1996: *Arbeiten mit Kunst in Kindergarten und Grundschule.* Stuttgart

Quellenverzeichnis

1 Auf der Homepage des Instituts www.seitz-kreativ.de kann sich der Leser über die verschiedenen Kursangebote informieren und findet dort auch die Kontaktdaten der verschiedenen Schulen der Phantasie und anderer kunstpädagogischer Einrichtungen, die sich mit dem Institut für Kreativität und Phantasie vernetzt haben.

2 Drevdahl, John E. 1968: Zitiert nach: Ulmann, Gisela (Hg.): Kreativität. Neue amerikanische Ansätze zur Erweiterung des Intelligenzkonzepts. Weinheim u. a. S. 68

3 Staudte, Adelheid 1993: Kreativität. In: Die Grundschulzeitschrift 68, S. 10

4 Vgl.: Guilford, Joy P. 1971: Kreativität. In: Mühle, Günther / Christa Schell (Hg.): Kreativität und Schule (1970). München. S. 13 – 36

5 Csíkszentmihályi, Mihály 1997: Kreativität. Wie Sie das Unmögliche schaffen und Ihre Grenzen überwinden. Stuttgart, S. 517 f.

6 Ebd.: S. 208

7 Vgl.: Guilford, Joy P.: a. a. O. S. 13 – 36

8 Vgl.: Csíkszentmihályi, Mihály: a. a. O. S. 89 – 115

9 Lusseyran, Jacques 1983: Das wiedergefundene Licht. München. S. 24

10 Hardenberg, Georg Philipp Friedrich von, genannt Novalis, 1987: Die Lehrlinge zu Sais (1802). Bern. S. 13 f.

11 Vinci, Leonardo da 1909: Traktat von der Malerei. Übersetzt von Heinrich Ludwig. Jena. S. 53

12 Spohn, Jürgen: Ich © Barbara Spohn 1992

13 Weeks, David / Jamie James 1997: Exzentriker. Über das Vergnügen, anders zu sein. Reinbek. S. 211 f.

14 Weitere Informationen zu diesem Thema über www.seitz-kreativ.de

15 Spohn, Jürgen: O © Barbara Spohn 1992

16 Spohn, Jürgen: Schon mal © Barbara Spohn 1992

17 Maier Haid, Rose 1997: Zarter Hauch. In: Maier Haid, Rose: Gugigai. Friedberg. S. 201

18 Lückert, Heinz-Rolf 1957: Konfliktpsychologie. München. S. 39

19 Tournier, Paul 1948: Krankheit und Lebensprobleme. Basel. S. 147

20 Interview zwischen Professor Dr. Johannes Kirschenmann und dem Gründer der Fischer-Werke, Artur Fischer. In: Kirschenmann, Johannes / Yvonne Marcuse 2009: Innovation und Kreativität in der Wirtschaft. In: KUNST+ UNTERRICHT Nr. 331 / 332, S. 64

21 Vgl. Mühle, Günther / Christa Schell (Hg.): a. a. O. S. 108

22 Vgl. Zwicky, Fritz 1966: Entdecken, Erfinden, Forschen im morphologischen Weltbild. München u. a. S. 175

23 Alle hier abgebildeten Schülerarbeiten wurden im Rahmen des Kunstprojekts „Kann ohne Ka no ne" in der Kunstschule Rose Maier Haid durchgeführt. Informationen und umfangreiches Unterrichtsmaterial zu erhalten über www.kunstschule-friedberg.de

24 Nach: Ulmann, Gisela (Hg.): a. a. O. S. 142

25 Davis, Gary A.: Übung der Kreativität im Jugendalter. In: Mühle, Günther / Christa Schell (Hg.): a. a. O. S. 110

26 Nach: Daucher, Hans / Rudi Seitz 1982: Didaktik der Bildenden Kunst. Moderner Leitfaden für den Unterricht. Grundschule – Hauptschule – Realschule – Gymnasium. Erstes bis zehntes Schuljahr (1970). München. S. 131 f

27 Vgl.: E. Paul Torrance 1971: Die Pflege schöpferischer Begabung. In: Mühle, Günther / Christa Schell (Hg): a. a. O. S. 187 f.

28 Heyl, Thomas 2008: Mit Phantasie und Forschergeist. München. S. 115

29 Daucher, Hans / Rudolf Seitz: a. a. O. S. 106

30 Morath, Konrad / Robert Pestel / Franz Josef Radermacher (1997): Robuste Pfade zur globalen Stabilität. In: Rothbucher, Heinz / Rudolf Seitz / Rosemarie Donnenberg: Ich und die anderen. Kinder und Erwachsene in der Konkurrenzgesellschaft. Salzburg. S. 115

31 Club of Rome (Hg.: Aurelio Peiccei) 1979: Das menschliche Dilemma. Zukunft und Lernen. Wien u. a. S. 11

32 Hörster, Detlef, in: Beuler, Kurt / Detlef Hörster (1996): Pädagogik und Ethik. Stuttgart. S. 283 f.

33 Ebd.: S. 286

35 Ebd.: S. 292 f.

35 Rose Maier Haid, Zitat aus ihrer Rede anlässlich der Eröffnung der Ausstellung „Kann ohne Ka no ne" in Berlin im Rathaus Kreuzberg am 1. Dezember 1995

36 Maier Haid, Rose 1997: Ich kann dichten. In: Maier Haid, Rose: a. a. O. S. 202

Bildnachweis

Die Bildnachweise werden im Folgenden nach den Inhabern des Copyrights geordnet aufgeführt, die Namen der Fotografen (F) finden sich im Klammern beim jeweiligen Bild, falls nicht alle Bilder vom selben Fotografen stammen.

Klax gGmbH (alle Fotografien von Barbara Dietl):
S. 80 oben rechts, 89, 90 oben rechts, 107.

KLECKS Schule der Phantasie e.V. Wolfratshausen (alle Fotografien von Kerstin Vetter):
S. 103 unten rechts, 134, 135 oben, 135 unten.

Kunstschule Pennello e.V. (alle Fotos von Pennello):
S. 40 oben, 42 oben links, 42 oben rechts, 80 oben links, 80 oben Mitte, 96 oben links, 96/97 oben Mitte, 97 oben rechts, 97 unten, Rückseite des Buch-Umschlags: 1. und 2. Bild von links.

Kunstschule Rose Maier Haid:
S. 7 unten (F: Rose Maier Haid), 16 (F: Rose Maier Haid), 17 (F: Rose Maier Haid), 23 oben (F: Marielle Seitz), 23 unten (F: Rose Maier Haid), 27 oben links (F: Rose Maier Haid), 28 oben (F: Marielle Seitz), 28 unten links (F: Rose Maier Haid), 28 unten rechts (F: Rose Maier Haid), 29 oben links (F: Rose Maier Haid), 29 oben rechts (F: Rose Maier Haid), 31 oben (F: Rose Maier Haid), 34 (F: Rose Maier Haid), 35 oben (F: Rose Maier Haid), 36 (F: Rose Maier Haid), 37 (F: Rose Maier Haid), 39 (F: Marielle Seitz), 43 (F: Rose Maier Haid), 44 unten (F: Fred Schöllhorn), 45 (F: Fred Schöllhorn), 46 unten (F: Rose Maier Haid), 48 oben links (F: Rose Maier Haid), 48 oben rechts (F: Rose Maier Haid), 52 oben (F: Rose Maier Haid), 52 unten (F: Rose Maier Haid), 60 oben (F: Sulamith Maier), 60 unten (F: Rose Maier Haid), 64 oben links (F: Rose Maier Haid), 64 Mitte links (F: Rose Maier Haid), 64 unten links (F: Rose Maier Haid), 67 Mitte (F: Rose Maier Haid), 67 unten (F: Rose Maier Haid), 69 unten (F: Fred Schöllhorn), 72 oben rechts (F: Fred Schöllhorn), 72 unten (F: Fred Schöllhorn), 73 unten links (F: Rose Maier Haid), 73 unten rechts (F: Rose Maier Haid), 77 (F: Rose Maier Haid), 84 oben links (F: Rose Maier Haid), 84 oben rechts (F: Rose Maier Haid), 84 unten links (F: Rose Maier Haid), 84 unten rechts (F: Rose Maier Haid), 85 oben links (F: Rose Maier Haid), 85 oben rechts (F: Rose Maier Haid), 85 unten links (F: Rose Maier Haid), 85 oben rechts (F: Rose Maier Haid), 86 unten (F: Rose Maier Haid), 92 (F: Marielle Seitz), 93 oben (F: Rose Maier Haid), 93 Mitte rechts (F: Rose Maier Haid), 93 unten (F: Rose Maier Haid), 94 (F: Fred Schöllhorn), 95 oben rechts (F: Fred Schöllhorn), 98 unten links (F: Rose Maier Haid), 101 oben links (F: Rose Maier Haid), 101 oben Mitte (F: Rose Maier Haid), 101 oben rechts (F: Rose Maier Haid), 101 Mitte rechts (F: Rose Maier Haid), 102 unten links (F: Rose Maier Haid), 102/103 oben Mitte (F: Hans Rätzer), 103 oben rechts (F: Hans Rätzer),

104 oben (F: Rose Maier Haid), 104 unten (F: Rose Maier Haid), 105 oben (F: Rose Maier Haid), 109 oben (F: Sulamith Maier), 109 unten (F: Rose Maier Haid), 111 oben (F: Rose Maier Haid), 111 Mitte (F: Rose Maier Haid), 111 unten (F: Rose Maier Haid), 117 oben (F: Rose Maier Haid), 117 Mitte (F: Rose Maier Haid), 117 unten (F: Rose Maier Haid), 118 (F: Rose Maier Haid), 120 (F: Sulamith Maier), 121 (F: Rose Maier Haid), 124 oben (F: Rose Maier Haid), 126 oben (F: Marielle Seitz), 127 (F: Rose Maier Haid), 129 (F: Rose Maier Haid), 131 oben (F: Rose Maier Haid), 131 unten (F: Rose Maier Haid), 132 (F: Rose Maier Haid).

Phantasie Werkstatt Bogen:
S. 88 (F: Dazi Tyroller).

Rudi-Seitz-Schule der Phantasie Diedorf:
S. 18 unten (F: Bernhard M. Schmid), 26 (F: Bernhard M. Schmid), 26 unten (F: Bernhard M. Schmid), 33 unten (F: Bernhard M. Schmid), 47 oben links (F: Maria-Theresia Kugelmann-Schmid), 47 oben rechts (F: Bernhard M. Schmid), 50 Mitte links (F: Maria-Theresia Kugelmann-Schmid), 68 unten links (F: Bernhard M. Schmid), 69 oben (F: Bernhard M. Schmid), 70 oben links (F: Bernhard M. Schmid), 74 unten (F: Bernhard M. Schmid), 98 Mitte links (F: Bernhard M. Schmid), 99 oben (F: Bernhard M. Schmid), 100 oben links (F: Bernhard M. Schmid), 100 oben rechts (F: Bernhard M. Schmid), 112 oben (F: Bernhard M. Schmid), 114 (F: Bernhard M. Schmid), 122 oben (F: Bernhard M. Schmid), 123 oben links (F: Bernhard M. Schmid).

Schule der Fantasie Planegg und Martinsried:
S. 18 oben (F: Martina Frick), 19 oben links (F: Martina Frick), 19 oben Mitte (F: Martina Frick), 19 oben rechts (F: Martina Frick), 27 oben rechts (F: Martina Frick), 31 unten (F: Martina Frick), 32 oben (F: Martina Frick), 38 (F: Martina Frick), 44 oben (F: Martina Frick), 46 oben (F: Martina Frick), 49 unten (F: Martina Stoesser), 50 unten links (F: Martina Frick), 51 oben (F: Martina Frick), 53 oben (F: Martina Frick), 54 oben (F: Martina Stoesser), 54 unten (F: Martina Frick), 55 oben links (F: Martina Frick), 55 oben Mitte (F: Martina Frick), 56 oben (F: Martina Frick), 58 oben (F: Sibylle Semlitsch), 58 unten (F: Martina Frick), 59 oben (F: Sibylle Semlitsch), 61 (F: Martina Frick), 62 (F: Martina Frick), 63 (F: Martina Frick), 65 oben (F: Martina Frick), 65 unten links (F: Martina Frick), 65 unten Mitte (F: Martina Frick), 71 (F: Brigitte Kräh), 78 (F: Martina Frick), 82 (F: Martina Frick), 86 oben (F: Martina Stoesser), 99 Mitte links (F: Sibylle Semlitsch), 99 Mitte rechts (F: Sibylle Semlitsch), 110 (F: Sibylle Semlitsch), 115 unten links (F: Martina Frick), 123 oben rechts (F: Martina Stoesser), 125 unten

(F: Martina Frick), 126 unten (F: Martina Frick), 130 oben links (F: Brigitte Kräh), 130 oben Mitte/rechts (F: Brigitte Kräh), 133 unten (F: Martina Frick), Vorderseite des Buch-Umschlags: Schmetterling-Freisteller (F: Martina Frick); 1. Bild von rechts (F: Martina Frick); 3. Bild von rechts (F: Sybille Semlitsch); 4. Bild von rechts (F: Martina Frick).

Schule der Phantasie Irsee (alle Fotografien von Flora Fassnacht und Peter R. Müller):
S. 33 oben, 55 oben rechts, 65 unten rechts, 95 oben links, 95 unten rechts, 108 unten, 116 unten, 119, 122 unten, Rückseite des Buch-Umschlags: 1. Bild von rechts.

Schule der Phantasie Söcking e.V.:
S. 108 oben (F: Andrea Burghardt).

Schule der Phantasie Traunstein (alle Fotografien von Daniela Niederbuchner):
S. 68 unten links, 68 oben Mitte/rechts, 74 oben, 98 oben links.

Christoph Bergmann und Petra Stadler (Copyright/Fotografer):
S. 90 oben links.

Gudrun Greger (Copyright/Fotografin):
S. 66 oben links, 128.

Christiane Koenig (Copyright/Fotografin):
S. 30 oben links, 30 oben Mitte, 30 oben rechts, 125 oben.

Christoph Matthias (Copyright/Fotograf):
S. 124 unten.

Christa Pilger-Feiler (Copyright/Fotografin):
S. 22, 53 unten, 72 oben links.

Berthold Schweiz (Copyright/Fotograf):
S. 49 oben.

Franziska Seitz:
S. 41 unten links (F: Christa Pilger-Feiler), 59 unten (F: Franziska Seitz), 66 oben rechts (F: Franziska Seitz), 136 (F: Franziska Seitz).

Marielle Seitz:
S. 10 (F: Marielle Seitz), 12 (F: Marielle Seitz), 13 (F: Franziska Seitz), 15 (F: Franziska Seitz), 35 unten (F: Rudolf Seitz), 57 unten links (F: Marielle Seitz), 57 unten rechts (F: Marielle Seitz), 67 oben (F: Rudolf Seitz), 68 Mitte links (F: Rudolf Seitz), 70 oben rechts (F: Rudolf Seitz), 70 unten (F: Marielle Seitz), 75 (F: Rudolf Seitz), 76 (F: Marielle Seitz), 79 (F: Marielle Seitz), 90 oben Mitte (F: Rudolf Seitz), 90 unten links (F: Rudolf Seitz), 90 unten rechts (F: Rudolf Seitz), 91 oben (F: Rudolf Seitz), 91 Mitte (F: Rudolf Seitz), 103 unten (F: Rudolf Seitz), 105 unten (F: Marielle Seitz), 106 (F: Marielle Seitz), 113 Mitte (F: Marielle Seitz), 113 unten (F: Marielle Seitz), 115 unten rechts (F: Marielle Seitz), 116 oben (F: Rudolf Seitz).

Carin Stoller (Copyright/Fotografin):
S. 40 unten, 41 unten rechts.

Elke Tschorn (Copyright/Fotografin):
S. 112 unten, 113 oben.

Herbert Ulrich (Copyright/Fotograf):
S. 51 unten.

Die Farben des Regenbogens

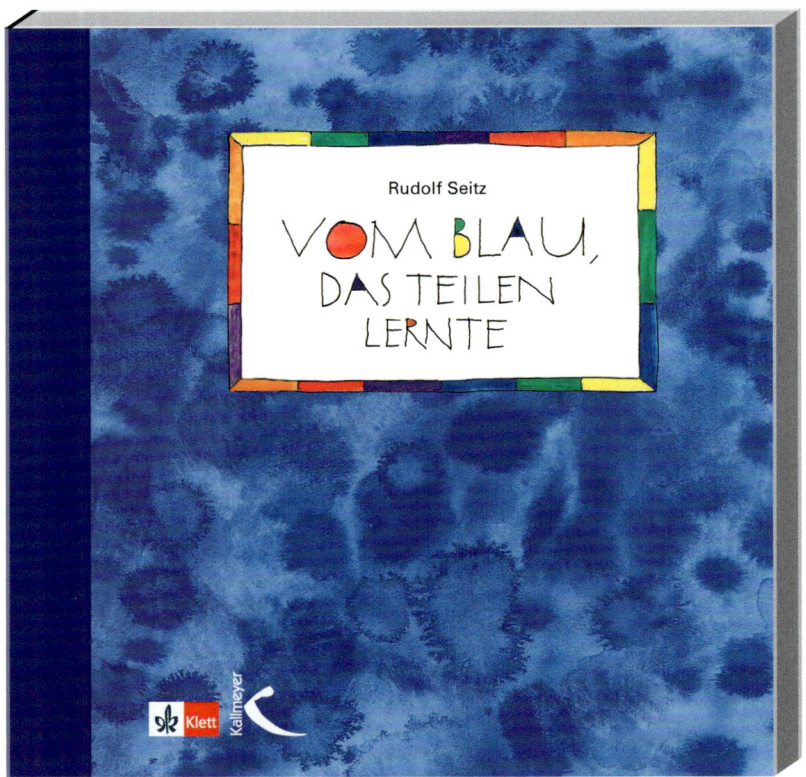

Die Farben des Regenbogens

Vom Blau, das teilen lernte ist ein Kinderbuch, das die soziale Haltung des Teilens auf eine ungewöhnliche Art und Weise veranschaulicht:
Ein übermütiger Regenbogen streckt sich eines Tages so sehr, dass er zerbricht und alle Farben heraus laufen. Nun müssen sich die Farben einen neuen Ort suchen, an dem sie sich niederlassen können.

In wunderschönen Aquarellbildern erzählt Rudolf Seitz die Geschichte vom Blau, das bei der Suche nach diesem Ort zunächst vereinsamt und erst wieder glücklich wird, als es beim Sonnenaufgang allen anderen Farben Platz machen und den bunten Himmel als Ganzes genießen kann.

RUDOLF SEITZ

Vom Blau, das teilen lernte
Ein Bilderbuch
48 Seiten, 21 x 24 cm, in Farbe
Hardcover mit Leineneinfassung
ISBN 978-3-7800-2038-3, € 14,95

Alle Preise zzgl. Versandkosten, Stand 2012

Unser Leserservice berät Sie gern:
Telefon: 05 11 / 4 00 04 - 150
Fax: 05 11 / 4 00 04 - 170
leserservice@friedrich-verlag.de

www.klett-kallmeyer.de